JN122718

刊行にあたって

　本書は、「銀行業務検定試験・財務2級」に合格することを目的として編集された受験参考書です。

　ご承知のように、「銀行業務検定試験・財務2級」は記述式の試験ですので、解答にあたっては、いかにわかりやすく簡潔に文章をまとめるかが問われます。そのためには、十分な財務知識を必要とすることはもちろんですが、過去の出題傾向に即した練習問題を実際に何度も解き、書いてみることが大切です。その際、出題の意図・ポイントを的確に把握したうえで文章をまとめる、そうした点を大いに配慮して本書は編集されています。

　金融機関の行職員にとって財務知識は日々の業務を遂行するうえで必要不可欠なものです。とくに企業をみる場合、信用調査とともに財務内容を検討・判定するための十分な眼を養うことが必要です。そのためには、十分な財務知識を日頃より身に付け研鑽する姿勢こそが大切です。そして、その習得度合いをはかるためにも銀行業務検定試験にチャレンジしてください。

　過去の問題については、『財務2級問題解説集』（銀行業務検定協会編）に収録してありますので、本書とあわせて有効に活用し、「銀行業務検定試験・財務2級」に合格され、よりいっそう日常業務に邁進されることを祈念して止みません。

　2024年2月

経済法令研究会

目　　次

1　本書の利用方法
2　記述式答案の書き方
3　答案の具体例
◆ＩＦＲＳの概要（日本の会計基準の理解
　のために）など
◆銀行業務検定試験「財務２級」出題範囲
◆出題項目別一覧（過去７回分）

財務諸表

財務分析

───◈ 凡　例 ◈───

本文中の法令の略語は、次のとおりです。
・財規…………財務諸表等の用語、様式及び作成
　　　　　　　方法に関する規則
・原則…………企業会計原則

1　本書の利用方法

　本書の基本問題と応用問題は、財務諸表・分析に関するテーマについて金融機関の行職員として当然身に付けておくべき財務知識を念頭に作成されたものです。

　本書には基本問題についての解答欄（自己作成欄）が付いています。実際に財務2級の検定試験を受けたつもりで所定の時間内に自分で解答を書いてみて、解答例と比較検討してみてください。自分が採点者になったつもりで、訂正を加え、採点をしてみましょう。それを繰り返すことによって、おのずと書き方の要領を体得できます。

　ただし、解答例はあくまで解答例ですから、必ずしも解答例のとおり記載しなければならないというものではありません。要は、解答例に記載されているポイントが自分が書いた解答のなかに示されていればよいのです。

　「問題理解と解答作成ポイント」は基本問題についての解説ですが、熟読することによってテーマに対する問題点の所在と重要ポイントを把握でき、より理解を深めることができます。

　「関連事項」には、学習効果を高めるため問題に関連した重要用語と重要事例を掲げています。

　「follow up」は、一歩踏み込んだ知識や補足事項をまとめています。

　「出題」では、各項目につき参考に供せるよう、最近出題された関連問題を付記しました。

　本書に掲載された問題は限られたものですが、基本的問題は網羅されていますので、本書を活用することによって「財務2級試験」を突破できる実力がつきます。また、会社法や財務会計、経営分析については多くの専門書が出版されていますので、詳細はそちらにゆずります。本書を出発点としつつ、さらに応用範囲をひろげることによって財務に関する幅広い知識を身に付けることができるものと確信しています。

2 記述式答案の書き方

●一般的留意事項

　テキストによる基本の勉強と、それによってつちかい、蓄えた力をさらに実務経験のなかで鍛え上げることにより、財務に関する判断能力は十分となりますが、最後は、その判断所見をいかに関係者に的確に伝えるかということがポイントとなります。この点に関して、とくに記述式試験においては、記述式答案をいかに上手に書くかということが合否のすべてを決めることになります。そこで、記述式試験対策のなかでも、その仕上げ段階ともいえる記述式答案の書き方について、留意すべき点などにふれてみましょう。

　まず、答案を書くにあたり、留意しなければならない点をいくつかあげてみましょう。

▶題意を正しくつかむ

　　設問と関係のないことを書く人が非常に多いのが現状ですが、設問と関係のないことを書いても、得点にはつながりません。そこで使われた貴重な時間は、設問の核心部分の解答を書く時間を喰いつぶすことになり、大きなロスになってしまいます。

▶丁寧に答案を書く

　　答案は、丁寧に書くことが大切です。とくに形式面では、文章や算式を丁寧に書くことです。字の上手下手はあまり関係がありません。答案は読む人の立場にたって、きれいに読みやすい形で書いてほしいところです。薄かったり、小さい字は、たいへん読みにくいので避けましょう。

▶計算能力をつける

　　財務の問題では、数値の計算能力が重要なウェイトを占めます。たんなる計算上の問題として軽視することなく、とくに桁違いなどの大

きな計算ミスには注意したいところです。計算能力をつけるためには
日頃のトレーニングが必要といえましょう。

▶ **表現力、国語力、文章力をつける**

　これは文章による表現テクニックの問題ですが、要点をまとめると
次のとおりです。

　　a．書きたいことの要点をあらかじめ頭にえがき、順序だったわか
　　　りやすい文章でしたためること。

　　b．論理的に首尾一貫性のある文章であること。

　　c．理解していることを書くこと。

　　d．要点を簡潔にまとめた文章であること。文章は長いのがよいと
　　　は限らない。限られた紙面、字数の範囲で一定のことをまとめ上
　　　げる能力を身に付けなければならない。その意味から、前置きは
　　　できるだけ省略し、すぐ核心に入ったほうがよい。

　　e．誤字、あて字は避けること。

3　答案の具体例

　以上でふれた答案の書き方について、これまでの「財務2級」検定試験
のなかから実例を1つ取り上げ、これによって具体的に学んでみましょう。
　典型的な財務分析の計算と判断を求めている2012年（第122回）問題1
について解答の仕方を検討してみます。

2012年第122回「財務2級」検定試験（問題1）

　A社（年1回、3月末日決算）では、下記の〈金融資産の内訳〉に示した
金融資産を保有しています。これにもとづいて、次の設問に答えてください。
ただし、税効果会計や、各金融資産の売買に係る手数料等はすべて考慮しな
いこととします。なお、金額がマイナスの場合は△で示すこと。
　(1)　〈金融資産の内訳〉における①〜③の各金融資産の当期末における貸
　　　借対照表上の計上額を算出しなさい。
　(2)　X社株式につき、①有価証券評価差額を算出し、②全部純資産直入法
　　　を採用した場合と、③部分純資産直入法を採用した場合の当該評価差額
　　　の会計処理を述べなさい。

　〈金融資産の内訳〉
　　①　V社株式（売買目的有価証券）
　　　取 得 原 価：7,250千円　　　前期末時価：6,430千円
　　　当期末時価：7,550千円
　　②　W社社債（満期保有目的の債券）
　　　額面金額：10,000千円　　　取得原価：9,500千円
　　　　当期首に購入し5年後に満期が到来する。額面金額と取得原価との差
　　　額は金利の調整と認められるため、定額法を適用した償却原価法により
　　　評価する。
　　③　X社株式（その他有価証券）
　　　取 得 原 価：2,400千円　　　前期末時価：2,600千円
　　　当期末時価：2,000千円
　　　　評価差額の処理は、洗替法によっている。

〈模範解答〉

(1)

	金融資産	貸借対照表計上額
①	V社株式	7,550千円
②	W社社債	9,600千円
③	X社株式	2,000千円

(2)

① 有価証券評価差額　　△400千円（＝2,000千円－2,400千円）

② 全部純資産直入法

　この方法は、評価差額を貸借対照表の純資産の部（評価換算差額等）に直接計上する方法である。したがって、評価差額△400千円は、貸借対照表の純資産の部（評価換算差額等）にその他有価証券評価差額金として計上する。

③ 部分純資産直入法

　この方法は、評価差益が出た場合には貸借対照表の純資産の部（評価換算差額等）に計上し、評価差損が出た場合には損益計算書の営業外費用に計上する方法である。本問では評価差損が出ているので、△400千円は、損益計算書の営業外費用に、投資有価証券評価損として計上する。

【解説】

　有価証券の評価は原則として時価によります。この問題は、その理解と有価証券に特有な計算ができるかどうかを確認するための設問です。

　期末時価と帳簿価額との差額は評価差額といわれていますが、①有価証券の種類は何か、②差額が損と益のどちらか、③資本直入の方法の選択、という3点により会計処理は異なります。この点を本テキスト「8　有価証券の評価」などで理解できているかを試す試験問題となっています。

〈評価差益となる場合〉

　「売買目的有価証券」は損益計算書に差益を反映させます。結果的に純資産にもプラスに影響します。

　「その他有価証券」については2つの資本直入の方法がありますが、ともに直接には損益計算書に反映させない考え方をとっているので、「全部純資産直入法」を採用する場合も「部分純資産直入法」を採用する場合も、貸借対照表の純資産の部に直接チャージします。貸借対照表の純資産の部（評価換算差額等）にその他有価証券評価差額金として計上します。

〈評価差損となる場合〉

　「売買目的有価証券」は差益と同様に損益計算書に損失を反映させます。結果的に純資産にもマイナスに影響します。

　「その他有価証券」については2つの資本直入の方法があります。このうち「全部純資産直入法」を採用するときは、貸借対照表の純資産の部に直接チャージされて損益計算には反映させません。一方、「部分純資産直入法」を採用する場合は、評価差損を損益計算書の営業外費用に計上します。ここが差益と異なっています。

　この「部分純資産直入法」というのは、損失を早めに取り込むという英国実務の考え方が反映されている方法といわれています。そのために差損の場合は、例外的に損益計算書に反映する扱いなのです。

　パターンが多く複雑ですが、一度理解すればそれほど難しい問題ではありません。

Ⅰ．ＩＦＲＳの概要（日本の会計基準の理解のために）

　2009年６月30日企業会計審議会は、国際会計基準審議会（ＩＡＳＢ）が作成する国際財務報告基準（International Financial Reporting Standards：ＩＦＲＳ）を導入するためのロードマップを公表した。

　そこで、2010年３月期から一定の上場企業に対しては、連結財務諸表のみにＩＦＲＳの早期適用が可能となった。2012年を目途に「2015年または2016年からの上場企業にＩＦＲＳを強制適用するかどうかの決定を行う」とされていたが、2011年の東日本大震災の影響で延期されている。

　中小企業をはじめ一般企業への適用は未だ先のことであるが、2011年現在既に世界100ヵ国以上がＩＦＲＳを採用しており、日本にもいよいよ国際財務報告基準の波が押し寄せてきている。ＩＦＲＳについてはこれからの制度であり、直ちに出題されるというわけではないが一読しておいてください。

1　ＩＦＲＳについての公表文書の体系

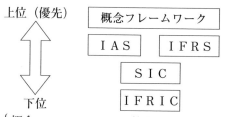

上位（優先）

概念フレームワーク

ＩＡＳ　　ＩＦＲＳ

ＳＩＣ

ＩＦＲＩＣ

下位

全体をＩＦＲＳsという

概念フレームワーク：基準作成の基礎となる概念的な枠組み
ＩＡＳ：旧組織ＩＡＳＣにおいて作成されている基準書
ＩＦＲＳ：ＩＡＳＢが作成した基準書
ＳＩＣ：旧組織ＳＩＣが作成した解釈指針
ＩＦＲＩＣ：ＩＦＲＩＣが作成した解釈指針

⑴　フレームワークが用意される理由

①　ＩＦＲＳの論理を首尾一貫したものとすること

→資産の「サービスポテンシャル説」での統一

② 会計基準適用の諸問題について、解決する際の判断の基礎を提供すること

→企業の経済的便益を表示する資産価値を開示すること

(2) フレームワークの考え方

フレームワークでは最初にストック認識を先行させている。ストック、言い換えれば資産の存在を確認するところからIFRSの論理の展開がされる。

```
① 「ストックの計算」              ⎫
                                   ⎬ IFRSの計算の本質
② 「ストックの変化＝フロー」という計算 ⎭
```

2 IFRS導入のアプローチ（アドプションとコンバージェンス）

各国におけるIFRSの導入について、アドプション（適用）とコンバージェンス（自国基準のIFRSへの収斂）という2つのアプローチがある。

現在、100ヵ国以上の国において、IFRSのコンバージェンスまたはアドプションが実施されている。

EU各国は、国際会計基準の主導権を把握するため、IFRS採用を決めた。IFRSは、細則主義の米国基準に比べ、よりわかりやすく採用しやすい面があり、将来の経済発展が見込まれるBRICsなどの新興国も相次いでIFRS採用を決めている。

(1) アドプション

アドプションは、IFRSをそのまま自国基準として採用することである。このアドプションには、㋐自国基準をやめてIFRSに全面的に切り替える方式、㋑上場企業等にIFRSを強制適用または任意適用を認める方式の2つの選択肢がある。自国基準を有しない発展途上国は㋐の方式を

採用することが多く、フランスなど自国基準のある国は①の方式によることが多い。

【アドプションのイメージ】

(2) コンバージェンス

コンバージェンスとは、自国の会計基準を残しつつ、IFRSとの差異を段階的に縮小し、収斂してゆこうとすることをいう。

言い換えればコンバージェンスとは、IFRSをそのまま採用せず自国基準の内容を改訂して実質的にIFRSに近づけることであるが、完全に収斂するまでは自国基準とIFRSが並存する形がとられる。したがって、コンバージェンスには相当の期間を要する。

【コンバージェンスのイメージ】

日米ともに当初は会計基準の相互承認という形でグローバル企業が自由に活動できる環境づくりをしていたが、資本市場そのものがグローバル化してきたため、相互承認のような対応では間に合わなくなった。

次の段階として、米国は2002年の「ノーウォーク合意」によりコンバージェンスを合意していた。これを受ける形で日本でも2007年の「東京合意」をもとに当初はコンバージェンスの対応をしていた。

しかし、EUだけでなく発展途上国の多くがにわかにIFRSを選択という方向に動いたため、米国は2008年11月のSECの決定でいったんアドプションへと方向転換した。このことを受け、日本でも2009年にロードマップを公表し、そこで2010年3月期に上場企業の連結財務諸表に対しIFRSの任意適用を認めた。

　しかしながら当初コンバージェンスを選択するとみられていた米国がア
ドプションへ方向転換したものの、2011年中に予定されていたＳＥＣによ
る最終報告は延期されている。これは米国経済の不振が大きな要因となっ
ている。コンバージェンスによる対応をしていた日本でもアドプションを
検討したが米国と同様に決定が延期されており、米国を見ながらそれに追
随するという動きである。

　⑶　日本の企業分布とＩＦＲＳ対応の可能性

（現況）	対象会社数	会計士監査	個別Ｆ／Ｓ	連結Ｆ／Ｓ
上場企業	約3,900社	あり	日本基準	日本基準 （金商法開示）
金商法開示企業	約1,000社			
会社法の大会社	約10,000社			
その他の株式会社	約250万社	なし	中小指針 ------------ （注1）	作成義務なし

（注1）　日本の会計実務は法人税法の影響が非常に色濃く、特に中小企業の
　　　　会計実践では、会計基準と同等の扱いになっている。中小企業の会計実
　　　　務においては、企業会計原則や中小企業の会計指針の役割はまだまだ
　　　　小さく、その機能を十分に果たしたとはいえないといわざるをえない。

	対象会社数	会計士監査	個別Ｆ／Ｓ	連結Ｆ／Ｓ
上場企業	約3,900社	あり	日本基準	ＩＦＲＳなど 日本基準
金商法開示企業	約1,000社			
会社法の大会社	約10,000社			
その他の株式会社	約250万社	なし	中小指針 ------------ （注2）	作成義務なし

（注2）　中小企業会計指針の他に、新しい中小企業の会計基準についていく
　　　　つかの団体が検討をはじめている。

　　　　　　　　　　　　　（金融庁資料をもとに、脚注他一部編集して作成）

　ＩＦＲＳの「任意適用」は2010年３月期から、連結について始まってい
る。

(4)　ＩＦＲＳ最近の状況

　東京証券取引所の「『会計基準の選択に関する基本的な考え方』の開示内容の分析」によれば、以下のデータが示されている。

　2023年6月末時点の東京証券取引所上場国内会社は3,807社となっている。

　　ＩＦＲＳ適用済み会社　　　　254社

　　ＩＦＲＳ適用決定会社　　　　14社

　　ＩＦＲＳ適用予定会社　　　　6社

　　ＩＦＲＳ適用を検討中の会社　143社

　　その他　　　　　　　　　3,390社

となっている。

　時価総額に占める割合で見てみると、プライム市場の1,832社では、時価総額が810兆円となるが、このうち227社399兆円（49.1％）でＩＦＲＳが適用されていて、概ね50％のウエイトを占めるまでになっている。

　国際的に活動する大企業においてＩＦＲＳの積極的な採用が進んでいることがわかる。

3　ＩＦＲＳの基本的な考え方

(1)　原則主義と細則主義の相違

　ＩＦＲＳでは、細則主義のように詳細な規定をおいて会計実務を縛るのではなく、原則主義を採用している。原則主義とは、基本となる考え方（コア原則と概念フレームワーク）を規定して企業自身に判断させる方式である。これは「すべての状況を予想してルール化することは不可能である」ということと「実務家の意見を尊重する」という英国の考え方が反映されている。

　したがって、ＩＦＲＳ適用に際しては、概念フレームワークおよびコア原則を十分理解したうえでその趣旨にもとづいて実務家が個々に判断して

【原則主義と細則主義の相違】

	原則主義	細則主義
基本的な考え方	会計基準、解釈指針などの基本的原則のみを設定し、具体的な会計処理や開示は企業や実務家の判断に任せる。	基本原則に加え、詳細規則や数値基準などを規定した実務指針を設定し、ルールに従い会計処理や開示を行う。
特徴	①法律を前提としたルールを作らない ②数値基準を唯一の判断基準としない ③個別産業・商品のルールを作らない ④不明確な点は概念フレームワークとコア原則に立ち戻る	①法律を前提としたルール ②数値基準を唯一の判断基準とする ③個別産業・商品のルールを作る ④不明確な点は無秩序になりがち
メリット	・数値基準を使った利益操作の排除 ・実態の反映	・訴訟への対応が容易
デメリット	・比較可能性の低下 ・抽象的なルールなので、各企業において、会計方針、その他を決めなければならない。 ・責任のあり方が不明確で訴訟への対応が難しい	・量的な制約で規則すべてに対応できない ・諸規定の量が膨大になりやすい。 ・ルールとして規定されていないことに対応できない（混乱を招く）。
採用している基準	IFRS	米国基準、日本基準

財務諸表を作成することとなる。

　エンロン・ワールドコム事件を契機に、米国基準の信頼性が揺らいだ。細かいルールで雁字搦めにしても、そのルールの抜け穴を衝いて不正を実行するものが出る。米国基準のような細則主義では抜け穴探しが続き、ルールが際限なく増加してゆくという問題がある。これを根本的に見直すためには、基本的な考え方や会計処理の原則のみを示して企業の判断に任せ

る原則主義のほうが有効ではないかという英国流の考え方が優位になっている。

(2)　財務諸表の作成方式

①　従来の計算のイメージ（日本基準、米国基準）

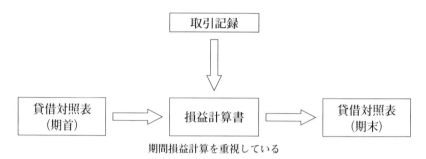

期間損益計算を重視している

　日本基準を含む従来の考え方は、期首の財政状態を示す貸借対照表に、期中取引を集約した損益計算書が作成されてこれが加えられ、そこから期末の貸借対照表を導く（期末の資産負債とは照合する）という考え方が採られている。

②　IFRSの計算のイメージ

　IFRSでは、期首の財政状態と期末の財政状態を直接比較してその純資産の増加を把握し、これをもとに純損益及びその他の包括利益計算書を導く方法を示している。したがって、損益計算の重要性を小さく考えている。

(3)　IFRSの考え方について

　IFRSの議論には、英国を中心とする欧州の考え方でまとめられてき

たが、途中から本格的に関与した米国の考え方の衝突が見られ、実際には米国的思考もかなり反映されている。また英米の影響の結果、金融重視の会計基準である。したがって、ＩＦＲＳは論理的に整合している基準でもなく、完成形でもない。

　また、世界基準になったＩＦＲＳは常に政治的な影響を受ける可能性をもっており、2008年に起きた金融危機でもＥＵ首脳部からの圧力により基準の見直しを余儀なくされているという事実がある。

Ⅱ．ＩＦＲＳの実務への影響

1　投資家との関係

　ＩＦＲＳでは、投資家（investors）または資本提供者（capital providers）の意思決定ニーズに焦点を絞り財務報告することを求めている。

　意思決定情報としての財務報告であり、利用者指向のルールである。

【企業側におけるＩＦＲＳ適用のメリット・デメリット】

メリット	デメリット
○世界中の投資家から注目される ○世界中同一基準での管理が可能 ○海外市場での上場が可能 ○注記による情報量が増加	○日本基準からＩＦＲＳへの切替えのコスト ○会社自身による判断の増加、作成負担の増加 ○敵対的Ｍ＆Ａの増加 ○厳しい評価

2　会計実務家との関係

　これまでの細則主義に慣れている日本の実務家にとって、日本の法人税法や実務指針と異なる概念フレームワークとコア原則の論理を理解したうえで、ＩＦＲＳの諸規定を論理的に解釈することはたやすいことではない。

　原則主義すなわち規則よりも専門家の判断を優先するＩＦＲＳの思考を、まず理解する必要がある。

3　金融機関の融資に対する影響

　ＩＦＲＳは世界基準という面とともに、金融重視の会計基準であり欧州の金融資本が投資意思決定を行いやすくするために準備されているようにも思われる。また金融危機の際に見られたように、政治的な影響を受ける可能性を持っており、純粋に理論的なルールではない。

　さらにＩＦＲＳは原価計算や固定資産会計については、十分な検討が行われているとはいいがたい面がある。したがって、融資先が製造業などの場合、日本基準のほうが実態を把握しやすい可能性がある。

　ＩＦＲＳは今後も改定がすすめられるので、規定が変更される可能性は大いにある。また、製造業に対する配慮がされるか否かについて、注視していくべきであろう。

Ⅲ．　ＩＦＲＳにおける財務諸表

1　ＩＦＲＳにおける財務諸表

　名称は異なるもののほとんど同様の構成となっている。ただし、ＩＦＲＳでは包括利益計算書は重視していない。

	ＩＦＲＳ	日本基準
財政状態の把握	財政状態計算書	貸借対照表
損益状況の把握	純損益及びその他の包括利益計算書	損益計算書、包括利益計算書
株主持分変動	持分変動計算書	株主持分等変動計算書
（事後的）資金表	キャッシュ・フロー計算書（直接法）	キャッシュ・フロー計算書
説明資料	注記	注記表、附属明細書
監査報告	監査報告書	監査報告書
基準からの離脱	容認する	規定なし
異常損益の表示	規定なし	特別損益での表示

2 財政状態計算書 (Statement of Financial Position)

財政状態計算書は、企業の一定時点の資産・負債とその持分を示す計算書である。ここでは、現金および現金同等物の生成の可能性の予測に焦点が当てられている。

形式はこれまで貸借対照表 (B／S) と呼ばれていたものと内容的に大きな相違はない。財産計算を重視するIFRSでは重要な計算書類となっている。

IFRSでは最低限度開示すべき科目が示されているだけである。そのため、流動項目と非流動項目とを区分していない表示や非流動項目から記載している企業もある。各表示項目については、注記により企業は詳細に説明しなければならない。

3 純損益及びその他の包括利益計算書 (Statement of profit or loss and other comprehensive Income)

純損益及びその他の包括利益計算書は、企業の一定期間の収益・費用を示す計算書である。そもそも純損益及びその他の包括利益計算書は米国の要請で採用されたものである。

IFRSでは、損益計算書のようにフローをもとにした期間損益の計算はあまり重視していないこともあり、最低限度開示すべき科目が示されているだけである。日本基準では営業利益に影響を及ぼさない営業外損益や特別損益を表示しているが、IFRSでは営業損益の段階でその他の営業損益に含めて計上される。日米からの要望もあり当期純利益の表示は継続することとなった。

これまでの損益計算書とは異なり、IFRSでは継続事業か非継続事業かという区分を重視している。これは将来の経済資源の変動を予測するための情報である。

IFRSは一計算方式のみを認めるとしているが、当面はこれまでの損

益計算書に包括利益計算書の2つの計算書の方式で計算書が作成されることも認められる。

4 キャッシュ・フロー計算書（Statement of Cash Flows）

IFRSの提案するディスカッションペーパーによる新しい様式の財務諸表の切り口は、キャッシュ・フロー計算書の区分が踏襲されているが、日本基準とは非継続事業の開示が異なっている。また、現金預金のみの変動を表示することとし、現金同等物という考え方を廃止することとした。

IFRSでは、キャッシュ・フロー計算書の表示形式について、より直感で資金の動きを把握できる直接法を用いることとした。直接法に1本化され会計システムの見直しその他影響が大きいといわれている。

5 持分変動計算書（Statement of Changes in Equity）

持分変動計算書は、一定期間における持分の増減を報告するための計算書である。日本の株主資本等変動計算書とほぼ同様の計算書といえる。

財産計算を重視する考え方のIFRSでは、持分変動計算書は会計期間における純資産の増減を開示する計算書類として重要な位置付けが与えられている。

6 注記（Notes）

IFRSは原則主義を採用しているので、注記の役割を非常に重視している。各企業において選択された会計方針については、経営者がどのように判断して決めているのかがわかるように詳細な注記開示が求められている。報告書自体の頁数が大幅に増加（日本基準と比べても1.5倍〜3倍）するといわれている。

【ＩＦＲＳの注記の概要】

○ＩＦＲＳに準拠している旨

○適用している重要な会計方針の要約

・財務諸表の作成に際して使用された作成の基礎

・財務諸表を理解するのに目的適合的なその他の会計方針

・経営者が会計方針を適用する過程で行った判断および財務諸表で計
　上されている金額に重要な影響をもたらす判断→経営者がどこでリ
　スクをとり、どこでもうけようとしているのかについて詳細な情報
　を開示される。

・資本の管理に関する企業の目的、方針および手続きを評価すること
　ができる情報

7　その他

　ＩＦＲＳ適用時にはその旨を明示（記載）しなければならないとされて
いる。また、ＩＦＲＳのすべての規定に準拠していない限り、ＩＦＲＳに
準拠していると記載してはならないことになっているので、一部適用をも
ってＩＦＲＳ適用を宣言することはできない。

　すべての判断が経営者に委ねられているので、説明責任が十分に果たさ
れていない場合には、経営者側にリスクが残ることとなる。

8　ディスカッションペーパーにおける新様式

　ＩＦＲＳでは、次の３表について、首尾一貫した分類、すなわち事業、
財務、所有者区分、非継続事業という横軸ですべての計算書で表示区分を
統一する非常に斬新な提案をしている。これを「一体性の原則」と呼び、
これにより各財務諸表の関連がより明確になるとともに財務分析に資する
と考えている。

現在は未だルールにはなってはいないが、今後の方向性を考えるうえで参考となるので、イメージを示す。

【提案されている新様式（ディスカッションペーパーのイメージ図)】

財政状態計算書	純損益及びその他の包括利益計算書	キャッシュ・フロー計算書
事業 ・営業資産および負債 ・投資資産および負債	事業 ・営業収益および費用 ・投資収益および費用	事業 ・営業活動キャッシュ・フロー ・投資活動キャッシュ・フロー
財務 ・財務関係資産 ・財務関係負債	財務 ・財務資産からの収益 ・財務負債からの費用	財務 ・財務資産キャッシュ・フロー ・財務負債キャッシュ・フロー
繰延法人税関係（法人所得税）	法人所得税（継続事業に関するもの)	法人所得税
非継続（廃止）事業	非継続（廃止）事業（税引後)	非継続（廃止）事業
	その他の包括利益（税引後)	
所有者持分		所有者持分
		現金の純変動

（注1）　各計算書類の切り口を統一することで、利用者の利便性が増すことになるが、どの区分に含めるかを決めるのは経営者等ということになるので、企業により分類が異なる可能性がある。その点で比較可能性は完全なものではない。
（注2）　非継続事業（IFRS5）について、日本基準には、特に分離する発想はまったくなかったといえる。

	IFRS	日本基準
売却予定資産	・区分表示する ・売却費用控除後の公正価値で評価 ・減価償却は中止	・区分しない ・減損会計の適用を検討
非継続事業の表示	区分表示する	規定なし

【日本基準との資産・負債の会計処理の比較】

　本文中に日本基準とIFRSの考え方の相違を理解する助けとするため、違いが見られる項目については、テキスト上に現時点での日本基準とIFRSを比較形式で示した。

　日本基準の内容もコンバージェンスによりIFRSに近づいている。ただしIFRSも日本基準も共に今後も改訂されるので、現時点で細かい差異にこだわることには意味がない。両者の相違は、基準自体が接近しつつあり解消されつつあるので、必ずしも本質的な相違を示すものばかりではないということに留意いただきたい。

　要するに基準の本質的な考え方の違いを理解することが重要である。

《参考および引用文献》
○「IFRSの考え方と実務対応」日本公認会計士協会編　日本公認会計士協会出版局（2010年4月）

○「導入前に知っておくべきIFRSと包括利益の考え方」高田橋範充著　日本実業出版社（2010年8月）

○「最新IFRS完全詳解　国際財務報告基準特集号」（税務経理協会　2009年8月）

○「国際会計基準　IFRS完全ガイド」（日経BP社　2009年6月）

○「ビジュアルIFRSの基本」飯塚・前川・有光著（日本経済新聞出版社2010年4月）

　【注意事項】

　平成22年3月期以降、日本でも一定の基準を満たす上場会社の連結財務諸表にIFRSの任意適用が認められています。

　なお、実務上の問題についてはIFRSの最新の基準書と専門書を確認してください。また、不明事項は必ず専門家に確認してください。

◆銀行業務検定試験「財務2級」出題範囲

【財務諸表】

1. 企業会計原則・同注解
2. 会社法・会社法施行規則および会社計算規則
3. 複式簿記の仕組み
4. 各種取引の仕訳と財務諸表への表示
5. 貸借対照表と損益計算書
6. 製造原価報告書
7. 株式資本等変動計算書
8. 注記表
9. 連結財務諸表
10. 各種の会計基準等　など

【財務分析】

1. 収益性分析
2. 回転率と回転期間
3. 損益分岐点分析
4. 利益増減分析
5. 生産性分析
6. 安全性分析
7. 資金表
8. キャッシュ・フロー計算書
9. 資金需要　など

☆　**本書の内容等に関する追加情報および訂正等について**　☆

本書の内容等につき発行後に追加情報のお知らせおよび誤記の訂正等の必要が生じた場合には、当社ホームページに掲載いたします。

（ホームページ 書籍・DVD・定期刊行誌 メニュー下部の 追補・正誤表 ）

◆出題項目別一覧（過去 7 回分）

	2023年10月156回
1	修正仕訳と貸借対照表項目の作成
2	連結修正仕訳と連結損益計算書の作成
3	製造原価報告書と損益計算書の作成
4	外貨建て金銭債権債務の貸借対照表上における円換算額
5	税効果会計
6	生産性分析
7	損益分岐点分析
8	粉飾決算
9	投資活動によるキャッシュ・フロー分析
10	資金運用表

	2023年 6 月155回
1	修正仕訳と損益計算書の作成
2	合併
3	修正仕訳と連結貸借対照表の作成
4	減損会計
5	貸倒引当金の会計処理
6	収益性諸指標による 2 社比較分析
7	運転資金、ＣＣＣの算出と分析
8	企業の株主還元と配当政策
9	キャッシュ・フロー計算書の作成（直接法）と分析
10	資金繰表の分析

	2022年10月153回
1	修正仕訳と貸借対照表項目の作成
2	欠損てん補のための減資の会計処理
3	株主資本等変動計算書
4	修正仕訳と連結損益計算書の作成
5	有形固定資産
6	判明事項による安全性分析
7	損益分岐点分析と損益分岐点図表
8	利益操作（循環取引）
9	キャッシュ・フロー分析（間接法）
10	長期資金収支予定表の作成

	2022年 6 月152回
1	修正仕訳と損益計算書の作成
2	棚卸減耗損と商品評価損
3	連結修正仕訳と連結貸借対照表の作成
4	税効果会計
5	各種金融商品の期末評価額
6	安全性諸比率による比較分析
7	生産性分析
8	利益操作
9	キャッシュ・フロー計算書の作成（直接法）と分析
10	資金運用表

	2021年10月150回
1	修正仕訳と損益計算書の作成
2	連結修正仕訳と連結損益計算書の作成
3	減損会計
4	リース取引
5	退職給付会計
6	判明事項による安全性分析
7	損益分岐点分析と損益分岐点図表
8	利益操作（押込み販売）
9	株式評価額の算定
10	キャッシュ・フロー分析

	2021年6月149回
1	修正仕訳と貸借対照表項目の算定
2	修正仕訳と連結損益計算書の作成
3	株主資本等変動計算書
4	貸倒引当金の会計処理
5	会計基準と会計処理
6	収益性諸指標による時系列分析
7	運転資金、ＣＣＣの算出と分析
8	生産性分析
9	キャッシュ・フロー計算書の作成（直接法）と分析
10	損益分岐点分析（感度分析）

	2020年10月147回
1	修正仕訳と損益計算書の作成
2	外貨建金銭債権債務の貸借対照表上における円換算額
3	連結修正仕訳と連結貸借対照表の作成
4	合併
5	税効果会計
6	収益性分析（架空在庫取引）
7	安全性諸指標による時系列分析
8	企業の株主還元と配当政策
9	キャッシュ・フロー分析（間接法）
10	長期資金収支予定表の作成

財務諸表

財務諸表

本編のガイド　重要項目の要点整理─ここがポイント！

財務諸表とは……

　財務諸表（会社法上は「計算書類」という）とは、決算において企業が一定時点または一定期間の財務状況を報告するために作成する計算書類を総称したものであり、一般に決算書とも呼ばれています。資料を使って財務諸表を作成する練習をしておきましょう。
　○貸借対照表（B/S）
　○損益計算書（P/L）
　○株主資本等変動計算書
　○個別注記表

（注）　金融商品取引法ではキャッシュ・フロー計算書も基本財務諸表として扱われます。

貸借対照表とは……

　貸借対照表は、企業の財政状態を明らかにするために、貸借対照表日におけるすべての資産、負債および純資産を記載し、利害関係者にこれを正しく表示するものです。自身で作成できるよう記載区分、内容、配列、評価方法について確実に覚えておきましょう。

財　務　諸　表

損益計算書とは……

　損益計算書は、企業の経営成績を明らかにするために、一会計期間に属するすべての収益と費用を記載して経常利益を表示し、これに特別損益に属する項目を加減して当期純利益を表示するものです。自身で作成できるよう様式、記載区分、内容、損益計算のあり方について確実に覚えておきましょう。

連結財務諸表とは……

　連結財務諸表（会社法上は「連結計算書類」という）は、基本的には連結グループ内のそれぞれの会社の個別財務諸表の各勘定科目の金額を合算および消去することによって作られるものです。連結財務諸表の内容を理解するためには、どのような仕組みのもとにいかなる手続を踏んで作られるのかということをおさえ、自身で作成できるようにしておきましょう。

　○連結貸借対照表（連結B/S）

　○連結損益計算書（連結P/L）

　○連結株主資本等変動計算書（連結S/S）

　○連結注記表

(注)　金融商品取引法では、連結キャッシュ・フロー計算書も基本財務諸表として取り扱われます。

1

財務諸表のしくみ

出題【23年6月・問5／21年6月・問4】

基本問題

A社（小売業）の当期末の試算表ならびに決算整理事項は、別記のとおりである。これについて、次の設問に答えなさい。

(1) 計算過程を示して当期の純利益を算出しなさい。

(2) 当期末の純資産の額はいくらとなるか、内訳明細を示して答えなさい。

決算整理前残高試算表

A社　　　　　　　　（単位：万円）

借　方	勘定科目	貸　方
2,175	現 金 預 金	
3,825	商　　　　品	
4,237	固 定 資 産	
	買 掛 金	2,287
	借 入 金	5,062
	資 本 金	1,200
	利 益 準 備 金	200
	別 途 積 立 金	685
	繰越利益剰余金	90
	売　　　　上	22,500
16,500	仕　　　　入	
5,137	販 管 費	
	受 取 利 息	112
262	支 払 利 息	
32,136		32,136

決算整理事項
① 期末商品棚卸高　　　4,312万円
② 固定資産の減価償却費　300万円
③ 賞与引当金の計上（繰入）270万円

☞ 本問のポイント

① 決算整理事項にもとづいて、整理仕訳を行う。

② 整理仕訳を、当期末の決算整理前の残高試算表に追加計上する。

③ ①②を行った後の残高試算表から、損益項目を計上して、当期純利益を算出する。

④ 資本勘定を集計して純資産の額を算出する。この場合、③で算出した当期純利益を前期から繰越した繰越利益剰余金（前期繰越利益）に加算して、期末の繰越利益剰余金残高を算出する。

解答欄（自己作成欄）

財務諸表

問題理解と解答作成ポイント

簡単な事例で、簿記上の計算のしくみ、試算表の見方等に関して解答を求めたものである。試算表の数字が意味するものの理解など、基礎的な知識があれば十分解答できる。

解答上のポイントをあげると、以下のとおりである。

① 売上原価の計算では、試算表上の商品が期首商品棚卸高であること（例外もあるが）に気づけば、「商品＋仕入－期末商品棚卸高」で簡単に計算できる。この売上原価の計算のしくみは、財務諸表を分析するに際して、必ず知っておいてほしいものである。

② 減価償却費を損益計算のなかに含めない解答がときどき散見される。

③ 損益法によらず、財産法によって計算することもできる。しかし、財産法による計算はいわば増減計算であり、内訳を示さず損益を示す。したがって、直接損益をとらえる損益法のほうが当期純利益の発生原因を把握しやすい。

財産法による計算は、次のとおりである。

資　　産		負　　債	
現 金 預 金	2,175	買 　掛　 金	2,287
商　　　品	4,312	借 　入　 金	5,062
固 定 資 産	3,937	賞与引当金	270
計	10,424(A)	計	7,619(B)

（Ａ－Ｂ）－純資産(1,200＋200＋685＋90)＝当期純利益630万円

④ 純資産の額の計算では、繰越利益剰余金に当期純利益を含めることを忘れないようにしたい。

採点上は、最終的な解答よりも、算出過程の中味に重点をおいて配点される。とくに設問(1)は、算出過程がポイントであるから、その点に注意すべきである。

★関連事項─────────────────

1 決　算

　決算では、一会計期間ごとに簿記上の取引記録をもとに、これに決算修正手続を加え、貸借対照表と損益計算書を作成する。

　決算の目的は、一会計期間の損益を正確に算定することにある。継続して行われている企業活動を、人為的に一期間に区切って損益計算をするには、当期の収益や費用を翌期以降のものと区別するために、いろいろな計算や修正手続が必要となる。そのうちの簿記上の主な決算整理の手続、すなわち勘定記録の修正手続について以下に説明する。

2　棚卸資産の修正仕訳

　まず棚卸資産勘定に関する整理仕訳である。これは商品売買による損益を計算するために売上原価を決定し、資産として計上する期末商品在高の勘定記録をすることである。一般に、期中の商品売買取引の勘定記録は、仕入勘定に当期商品仕入高が、また売上勘定に当期商品売上高が計上されている。

　一方、商品の手許在庫高は、決算期末時点で実地棚卸が行われ、それによる在庫残高が商品勘定（資産勘定）として計上されている。

　したがって、決算整理前の商品勘定には期首残高がそのまま計上されていることになる。そこで、決算では、まず期末在庫高を実地棚卸によりつかみ、次に期首・期末商品在高についての修正仕訳を行うことになる。

　たとえば、商品勘定が200万円（期首在庫高）、仕入勘定1,500万円で、期末在庫高が240万円であった場合の修正仕訳は、次のようになる。

借　　方	金　額	貸　　方	金　額
①　仕　　入	200	商　　品	200
②　商　　品	240	仕　　入	240

上記の仕訳をT勘定の形式で、勘定記入によって示すと、次のとおりである。この結果、商品勘定（資産勘定）の借方残高240万円（繰越200＋②240－①200）は期末商品在高を示すことになり、仕入勘定（費用勘定）の借方残高1,460万円（1,500＋①200－②240）は、当期の商品売上原価を示すことになる。

商　品			仕　入		
繰越　200	①　　200		1,500	②　　240	
②　　240			①　　200		

3　減価償却費・引当金の計上

次に、固定資産の減価償却費の計上を行う。固定資産は長期にわたり使用されるので、使用期間にわたり取得原価を費用配分するために減価償却を行う。減価償却費計上のための修正仕訳は、たとえば建物について30万円の減価償却を行う場合には、直接法の場合、次のように行う。

借　方	金　額	貸　方	金　額
減価償却費	30	建　　物	30

上記の減価償却費勘定は費用勘定であり、また、資産勘定である建物勘定の借方残高は償却後の価額を示すことになる。

さらに、決算整理では引当金の計上がある。引当金は、いまだに支出・損失とはなっていないが、当期の費用として計上するものを負債または資産の控除項目として計上するとともに、その繰入額を費用勘定として計上するものである。修正仕訳は、次のように行う。

借　方	金　額	貸　方	金　額
○○引当金繰入	××	○○引当金	××

4　経過勘定の計上

諸営業費用・営業外費用のなかには、借入金利息、賃借料など数ヵ月分

を一括払するものがある。これらのものは、決算では、翌期以後の分の前
払、前受分は費用および収益を減算し、未払、未収分は費用および収益を
加算しなければならない。これらは前払費用、未収収益、未払費用、前受
収益として経過的に決算時に計上されることになる。たとえば、次の仕訳
のように計上される。

借　方	金　額	貸　方	金　額
前 払 費 用	150	賃 借 料	120
		支払利息	30
広告宣伝費	20	未払費用	20

5　日本基準とIFRS

【四半期財務諸表（IAS34)】

　日本基準は四半期や中間決算について、かつて年度の予測のための情報
と位置付けていた。そのため今でも四半期特有の会計処理の発想が残って
いる。これに対し、IFRSではこのような発想がまったくない。

	IFRS	日本基準
対象期間	1年より短い期間	四半期
四半期特有の会計処理	ない	・原価差異の繰延処理 ・税金費用の計算
法人税等の計上方法	年間の見積実効税率を ベースに計算	・四半期を1事業年度 とみなす方法 ・年間の見積実効税率 をベースに計算する 方法

財務諸表

【基本問題解答例】

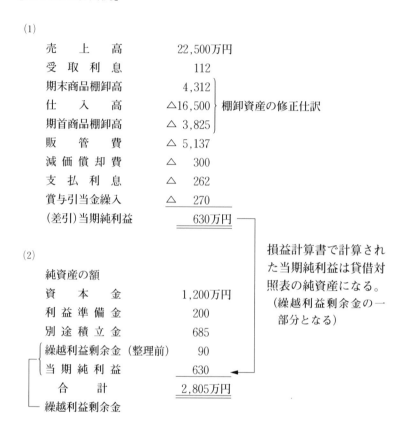

(1)

売　上　高	22,500万円
受　取　利　息	112
期末商品棚卸高	4,312
仕　入　高	△16,500
期首商品棚卸高	△ 3,825
販　管　費	△ 5,137
減　価　償　却　費	△　300
支　払　利　息	△　262
賞与引当金繰入	△　270
(差引)当期純利益	630万円

棚卸資産の修正仕訳

(2)

純資産の額	
資　本　金	1,200万円
利　益　準　備　金	200
別　途　積　立　金	685
繰越利益剰余金（整理前）	90
当　期　純　利　益	630
合　　計	2,805万円

繰越利益剰余金

損益計算書で計算され
た当期純利益は貸借対
照表の純資産になる。
（繰越利益剰余金の一
　部分となる）

　ここでは、数値を算出するだけでなく、損益計算の構造と貸借対照表の
純資産の部との関連性を理解すること。

応用問題

　B社の当期末の決算整理前残高試算表ならびに決算整理事項は、下記のとおりである。これにより、(1)貸借対照表および(2)損益計算書を作成しなさい。なお、形式はＴ字形の簡単なもので、区分表示は必要としない。

財務諸表

決算整理前残高試算表

B社　×年×月×日　　（単位：百万円）

借　方	勘 定 科 目	貸　方
200	現 金 預 金	
510	売 掛 金	
534	商 品	
368	固 定 資 産	
54	仮 払 税 金	
	買 掛 金	248
	借 入 金	570
	資 本 金	140
	利 益 準 備 金	24
	別 途 積 立 金	322
	前期繰越利益剰余金	50
	貸 倒 引 当 金	4
	賞 与 引 当 金	52
	売 上	3,294
2,512	仕 入	
492	販 管 費	
	受 取 利 息	16
50	支 払 利 息	
4,720		4,720

決算整理事項
1　期末商品棚卸高　574百万円
2　固定資産の減価償却費　24百万円
3　売掛金の１％の貸倒引当金を繰れる。ただし、百万円未満は四捨五入とする。
4　賞与引当金の繰入は60百万円とする。
5　未払利息を14百万円計上する。
6　法人税等は税引前当期純利益の50％を計上する。ただし、百万円未満は四捨五入とする。
7　試算表中の仮払税金は、中間予定納税した法人税等である。
（注）引当金の繰入および取崩しは差額補充法による。

☞ 基本問題との相違点

① 　基本問題では、損益計算と純資産の額の計算までであったが、本問ではこれを貸借対照表と損益計算書に分けて集計する。

12　財務諸表

【応用問題解答例】

（1）

貸借対照表

B社　　　　　　　　　　×年×月×日現在　　　　（単位：百万円）

現 金 預 金	200	買 掛 金	248
売 掛 金	510	借 入 金	570
商 品	574	未 払 費 用	14
固 定 資 産	344	賞与引当金	60
貸倒引当金	△5	未払法人税等	71
		資 本 金	140
		利益準備金	24
		別途積立金	322
		繰越利益剰余金	174
資 産 合 計	1,623	負債および純資産合計	1,623

（2）

損益計算書

B社　　　　　　○年○月○日～×年×月×日　　　（単位：百万円）

期首商品棚卸高	534	売 上 高	3,294
仕 入 高	2,512	受 取 利 息	16
販 管 費	492	期末商品棚卸高	574
減 価 償 却 費	24		
賞与引当金繰入	8		
貸倒引当金繰入	1		
支 払 利 息	64		
法 人 税 等 (注)	125		
小 計	3,760		
当 期 純 利 益	124		
計	3,884	計	3,884

（注）法人税等の計算

　　損益計算書の貸方にある収入および棚卸資産の合計は3,884百万円となっている。借方の経費等の項目および棚卸資産の合計は3,635百万円になる。

　　これをもとに（3,884－3,635）×50％＝124.5百万円となるため、四捨五入して125百万円となる。

貸借対照表・損益計算書の様式・区分

出題【23年10月・問1、問2、問3／23年6月・問1／22年10月・問1、問4、問5／22年6月・問1
／21年10月・問1、問2／21年6月・問1、問2／20年10月・問1、問3】

基本問題

　C社の期末現在の下記勘定科目明細により、当社の貸借対照表を作成しなさい。記載方法は会社計算規則に準じて作成すること。

(単位：百万円)

受 取 手 形	3,000	長期差入保証金	1,200
賞 与 引 当 金	428	資 本 金	4,000
器 具 備 品	864	現 金 預 金	2,308
電 話 加 入 権	84	仕 入 高	30,480
売 上 高	39,000	期末商品棚卸高	3,188
人 件 費	3,700	利 益 準 備 金	900
売 掛 金	2,700	広 告 宣 伝 費	1,784
繰越利益剰余金	492	受 取 利 息	70
減 価 償 却 費	430	固定資産売却損	92
退職給付引当金	468	賞与引当金繰入	302
短 期 借 入 金	1,200	別 途 積 立 金	1,680
期首商品棚卸高	2,850	支 払 利 息	108
法 人 税 等	700	未 払 法 人 税 等	400
買 掛 金	2,028	その他営業費	1,052
支 払 手 形	3,120	貸 倒 引 当 金	570
建 物 附 属 設 備	2,652	貸倒引当金繰入	50

☞本問のポイント

① 貸借対照表関係の勘定を集め、資産、負債、純資産の各勘定ごとに集計する。繰越利益剰余金は差額で求める。

② 「資産＝負債＋純資産」となる形で貸借対照表を作成する。

③ 損益項目を集計して損益計算書を作成し、期首の（前期末の）繰越利益剰余金と加減して貸借対照表上の繰越利益剰余金と一致させる。

④ 中小企業には、新たに2つの会計ルールが用意されている。

解答欄（自己作成欄）

~ *follow up* ~

会社法の計算規定

　企業における経理や決算を規制している法律は、会社法である。最も普及している株式会社の場合には、会社法および会社計算規則に株式会社の計算規定があり、株式会社はこの規定に従って決算を行わなければならない。

　株主総会の招集通知に添付される決算書類は会社法等の諸規定に従って作成される。

問題理解と解答作成ポイント

　本問のポイントは2点ある。1つは、勘定科目明細から、貸借対照表部分と損益計算書部分に分け、当期純利益等を確定するとともに、貸借対照表項目全体をつかむことにある。

　2つめは、貸借対照表を会社計算規則にしたがって、分類記載することにある。具体的に貸借対照表を答案用紙に記載するのは、意外と手間のかかるものであることも認識しておいてほしい。なお、参考までに関連の損益計算書を示すと以下のとおりである。

損益計算書

C社　　　　令和○年○月○日～令和×年×月×日　（単位：百万円）

売　上　高	39,000
売上原価(注2)	30,142
売上総利益	8,858
販売費及び一般管理費(注1)	7,318
営　業　利　益	1,540
営業外収益	
受　取　利　息	70
営業外費用	
支　払　利　息	108
経　常　利　益	1,502
特　別　損　失	
固定資産売却損	92
税引前当期純利益	1,410
法人税、住民税及び事業税	700
当期純利益	710

(注1)　販売費及び一般管理費には広告宣伝費、人件費、賞与引当金繰入、貸倒引当金繰入、減価償却費、その他営業費が含まれている。

(注2)　売上原価は、期首商品棚卸高に当期商品仕入高を加え期末商品棚卸高を控除して計算する。

★関連事項

1　貸借対照表の意義・区分・配列

　貸借対照表は、企業の財政状態を明らかにするために、決算日現在の資産、負債および純資産を記載し、利害関係者に正しく表示するものである。そこでは、企業への投下資金がどのような資産として運用されているか、またその資金はどのような負債、純資産により調達されているかということが報告される。

　貸借対照表に示される資産、負債、純資産は適当な区分、配列、分類の基準にしたがって記載される。科目の区分や分類については、およそ次のように定めている。

① 　資産の部、負債の部、純資産の部を設け、各部にはその部の合計額を記載する。

② 　資産の部は、流動資産、固定資産および繰延資産に区分する。

③ 　固定資産は、さらに有形固定資産、無形固定資産および投資その他の資産に区分する。

④ 　負債の部は、流動負債および固定負債に区分する。

⑤ 　純資産の部は、株主資本、評価・換算差額等、新株予約権に区分するが、本問では該当項目のないものもあるので、株主資本の内訳を示せばよい。

⑥ 　②以下の各部は、それぞれの性質を示す適当な名称を付した科目に細分する。

2　「中小企業の会計に関する基本要領（中小会計要領）」

① 　「中小会計要領」は、次のような中小企業の実態を考えて作られた新しい会計ルールである。

・経理人員が少なく、高度な会計処理に対応できる十分な能力や経理体制を持っていない。

・会計情報の開示を求められる範囲が、取引先、金融機関、同族株主、
　税務当局等に限定されている。
・主に法人税法で定める処理を意識した会計処理が行われている場合
　が多い。
② 　中小企業向けの会計ルールには、「中小会計要領」と「中小企業の
　会計に関する指針（中小指針）」があり、中小企業はどちらも参照す
　ることができる。主な違いは下記のとおりである。

主な相違点		中小会計要領	中小指針
想定対象		中小企業	
想定対象		中小指針と比べて簡便な会計処理をすることが適当と考えられる中小企業を主な対象としている。	とりわけ、会計参与設置会社が計算書類を作成する際には、本指針に拠ることが適当とされている。
国際会計基準との関係		安定的な継続利用を目指し、国際会計基準の影響を受けないものとしている。	これまで国際会計基準とのコンバージェンス等による企業会計基準の改訂を勘案している。
各論の項目数等	項目数	基本的な14項目（税効果会計、組織再編の会計等は盛り込んでいない）。	18項目（税効果会計、組織再編の会計等も規定）。
各論の項目数等	内容	本要領の利用を想定する中小企業に必要な事項を、簡潔かつ可能な限り平易に記載。	会計参与設置会社が拠ることが適当とされているように、一定の水準を保った会計処理が示されている。
税務上の処理の取扱い		実務における会計慣行を踏まえて規定。	以下の場合に適用できる。・会計基準がなく税務上の処理が実態を適正に表している場合。・あるべき会計処理と重要な差異がない場合。
〈例1〉有価証券の期末評価		取得原価を原則的な処理方法としている。	条件付きで取得原価を容認している（市場価格のある株式を保有していても多額でない場合等）。
〈例2〉棚卸資産の評価方法		最終仕入原価法を処理方法の一つとしている。	条件付きで最終仕入原価法を容認している（期間損益の計算上著しい弊害がない場合）。

出典：「中小会計要領」の手引き（中小企業庁：平成24年4月）

財　務　諸　表

【基本問題解答例】

資金の運用を示す　　　　　　　資金の調達を示す
↓　　　　　　　　　　　　　↓

貸借対照表

C社　　　　　　令和×年×月×日現在　　　　（単位：百万円）

流動資産		流動負債	
現 金 預 金	2,308	支 払 手 形	3,120
受 取 手 形	3,000	買 掛 金	2,028
売 掛 金	2,700	短期借入金	1,200
商 品	3,188	賞与引当金	428
貸倒引当金	△ 570	未払法人税等	400
計	10,626	計	7,176
固 定 資 産		固 定 負 債	
有形固定資産		退職給付引当金	468
建物附属設備	2,652	負 債 合 計	7,644
器 具 備 品	864		
計	3,516	資 本 金	4,000
		利益剰余金	
無形固定資産		利益準備金	900
電話加入権	84	別途積立金	1,680
投資その他の資産		繰越利益剰余金	1,202
長期差入保証金	1,200	利益剰余金計	3,782
固定資産計	4,800	純資産合計	7,782
資 産 合 計	15,426	負債および純資産合計	15,426

【貸借対照表の構造】

　貸借対照表は、貸方で資金の調達を示し、借方で資金の運用状況を示す様式の勘定式で作成されることが多い。

　また、単位としては、円、千円、百万円が使われることが多い。

貸借対照表

資金の運用＝資産 状況を示す	流動資産 短期間に資金化する資産を示す	流動負債 短期で支払のある負債	負債（他人資本）	資金の調達方法を示す
	固定資産 資金化するのに長期間を要する	固定負債 支払まで長期間かかる負債		
		純資産 会社の正味財産を示す	自己資本	

応用問題

　右記の資料によって、Ｄ商事株式会社の損益計算書を報告式で作成しなさい。

　ただし、売上原価、販売費及び一般管理費の内訳は、損益計算書の余白スペースに注記すること。

（単位：千円）

事　項	金　額
雑　収　入	150
支　払　利　息	1,360
期末商品棚卸高	3,400
売　上　高	785,000
法人税、住民税及び事業税	35,200
雑　費	4,500
期首商品棚卸高	2,400
土　地　売　却　益	11,000
役　員　報　酬	15,000
当期商品仕入高	595,000
租　税　公　課	2,560
給　料　手　当	89,000
前期損益修正損	4,000
その他営業費	5,400

財務諸表

基本問題との相違点

① 諸経費を、売上原価、販売費及び一般管理費別に区分、計算することが必要である。

② 損益計算書は通常、報告式が採用されている。よって報告式の損益計算書の様式に慣れる必要がある。

③ 本来は、個別注記表に注記事項を示すが、本問では簡便的に記載する。

【応用問題解答例】

損益計算書

D商事（株）　　　　令和○年○月○日〜令和×年×月×日　　　（単位：千円）

売 上 高	785,000		
売上原価	594,000	(注) 売上原価の内訳	
売上総利益	191,000	期首商品棚卸高	2,400
販売費及び一般管理費	116,460	当期商品仕入高	595,000
営業利益	74,540	合　　計	597,400
営業外収益		期末商品棚卸高	3,400
雑 収 入	150		594,000
営業外費用			
支払利息	1,360	(注) 販売費及び一般管理費の内訳	
経常利益	73,330	給料手当	89,000
特別利益		役員報酬	15,000
土地売却益	11,000	租税公課	2,560
特別損失		雑　　費	4,500
前期損益修正損	4,000	その他営業費	5,400
税引前当期純利益	80,330		116,460
法人税、住民税及び事業税	35,200		
当期純利益	45,130		

～ *follow up* ～

簿記上の取引と仕訳

　簿記では、資産、負債、純資産の金額に変動が生ずれば、これを帳簿に記録する。また、このように変動を生じさせる経済的事実を、簿記では取引という。

　取引が発生した場合、これを各勘定に記入することになるが、簿記では取引をまず仕訳の形で分解記録し、この仕訳を媒介として各勘定にその変動の事実を記入する方法をとる。仕訳は1つひとつの取引について、これを借方と貸方の勘定科目に分解し、それぞれの側に同額の金額を記入するものである。各勘定科目の増減記入は、勘定の記入法則によって借方か貸方かの記入が決まる。この仕訳を通しての勘定記入によって、異なる2つ以上の勘定科目が借方・貸方の双方に分かれて記入され、借方・貸方の合計額は必ず一致することになる。

3

流動資産の分類・内容

出題【23年6月・問5／21年6月・問4】

基本問題

　卸売業のE株式会社では、次に示す金銭債権を貸借対照表の固定資産の部に計上することとした。この決定が適切なものであるか否かを、その根拠を明らかにして説明しなさい。

(1) 販売取引から生じた受取手形で、2年間に分割して、毎月末ごとに一定金額を受け取るもの。延滞金額はない。

(2) 決算日から3年6か月後に支払期限の到来する貸付金（全額回収可能なものである）。

☞ 本問のポイント

① 流動資産と固定資産の分類基準を頭にえがき、設問に答える。

② (1)は営業循環基準、(2)はワン・イヤー・ルールによってそれぞれ貸借対照表に記載する。

解答欄（自己作成欄）

問題理解と解答作成ポイント

　この問題は、当該債権が通常の営業取引から生じたものであるか否かに着目することにねらいがある。通常の営業取引によって生じた金銭債権は、営業循環基準が適用され、その期限がたとえ1年を超える場合であっても、その全額が流動資産として計上される。これに対して、通常の営業取引以外の取引によって生じた金銭債権は、ワン・イヤー・ルール（1年基準）が適用され、流動資産に計上される場合と固定資産に計上される場合とに分かれる。ワン・イヤー・ルールおよび営業循環基準の用語は、学問上あるいは理論上の用語であり、会社計算規則の条文上に明示されているわけではない。

　なお、営業取引によって生じた金銭債権であっても、破産債権・更生債権その他これらに準ずる債権で決算期後1年以内に弁済を受けられないことが明らかなものは、会社計算規則において、固定資産の部の投資その他の資産に記載しなければならない、と規定されている。

★関連事項

1　ワン・イヤー・ルールと営業循環基準

　資産は、流動資産、固定資産および繰延資産の3つに大別される。このうちの繰延資産については後述するとして、流動資産と固定資産の区分についていうと、それはワン・イヤー・ルール（1年基準）と営業循環基準の2つの基準によって分けられる。

　ワン・イヤー・ルールというのは、金銭債権・債務について、その履行期が決算期後1年以内に到来するか否かによって、資産・負債を流動項目と固定項目に区分する基準をいう。この基準は、金銭債権・債務だけでなく、仮払金のように営業循環に含まれないその他の資産・負債科目についても適用される。

　一方、営業取引上の金銭債権・債務や棚卸資産については、それらは営業取引の継続的、反復的な循環過程のなかにあるものであるから、ワン・イヤー・ルールを適用せず、営業循環基準を適用してこれらを流動資産または流動負債とする。

　以上の区分基準につき、会社計算規則では、売掛金、受取手形その他営業取引によって生じた金銭債権は流動資産の部に、預金、貸付金その他営業金銭債権以外の金銭債権で、その履行期が１年以内に到来するものは流動資産の部に、履行期が１年を超えるものは固定資産の投資その他の資産の部に、それぞれ記載すべきことを定めている。なお、受取手形のうち、営業取引上のものは流動資産に記載されるが、固定資産の売却等により生じたものは、ワン・イヤー・ルールにより区分される。

2　有価証券の流動・固定区分

　有価証券の貸借対照表への記載方法は、ワン・イヤー・ルール等ではなく特別の扱いとなっている「金融商品に関する会計基準」により、次のとおり所有の目的に応じた区分となる。

　市場価格のある株式および社債で、時価の変動により売買を行い利益を得る目的で保有する一定の有価証券は、売買目的有価証券として区分し、保有期間のいかんにかかわらず、流動資産に「有価証券」の科目で計上する。

　また、売買目的以外で決算期後１年以内に償還期限が到来する公社債その他の債券については、原則として流動資産に記載する。

　上記の流動資産の部に記載されなかった株式・公社債などについては、「関係会社株式」や「その他有価証券」などの最も適切と思われる科目により貸借対照表の投資その他の資産に記載することとしている。

財務諸表

【基本問題解答例】

　流動資産と固定資産との分類基準には、ワン・イヤー・ルール（1年基準）と営業循環基準の2つがあり、通常の営業取引によって生じた金銭債権であるか否かによって分類基準の適用に違いがある。

(1)　販売取引から生じた受取手形

　その期限が1年を超える債権も含んでいるが、延滞金額もなく通常の営業取引によって生じた金銭債権であるから、営業循環基準を適用し、全額、流動資産に計上すべきである。よって、固定資産に計上するという、E社の決定は適切でない。

(2)　貸付金

　貸付金は通常の営業取引によって生じた金銭債権ではないから、ワン・イヤー・ルール（1年基準）を適用する。本問の場合は決算日から3年6ヵ月後に支払期限の到来する貸付金であるから、固定資産の部の投資その他の資産に計上すべきである。よって、固定資産の部に計上するという、E社の決定は適切である。

応用問題

　F社の貸借対照表（抜粋）ならびに判明事項により、修正点を指摘しつつ正しい流動資産・流動負債の金額を計算し、これを勘定式の貸借対照表形式で一表に示しなさい。

判明事項

(1)　現金預金のなかに含まれている当座預金の残高は、電話料の自動引落し分250千円が未処理である。

(2)　売掛金のうち、5,000千円は会社更生法の適用を受けた得意先B社のものであるが、決算日現在1年以内にその50％が回収見込みであり、残額は回収不可の見通しである。

(3)　仮払金の内訳

①　法人税の中間納付額　3,000千円

②　法人住民税の中間納付額　600千円

(4)　未払法人税等は、当期の法人税、法人住民税の総額である。

貸借対照表（抜粋）

F社　　令和X年9月30日　（単位：千円）

流動資産	(59,200)	流動負債	(41,750)
現金預金	15,500	支払手形	10,500
受取手形	25,000	割引手形	12,000
売掛金	10,500	買掛金	4,250
商　品	5,000	短期借入金	7,500
仮払金	3,600	未払法人税等	7,500
貸倒引当金	△400		

財務諸表

☞基本問題との相違点

①　現金、売掛金のワン・イヤー・ルール適用

②　税金の未払額と既払額の処理

③　貸借対照表を勘定式で一表にまとめたものを作成

④　割引手形の注記開示

【応用問題解答例】

1．流動資産の計算　①現金預金に含まれている当座預金の残高は250千円減額すべきである。②仮払金3,600千円は未払法人税等と相殺すべきである。③割引手形12,000千円は受取手形と相殺すべきである。④更生債権の50％は回収不可の見通しなので貸倒損失2,500千円を計上すべきである。

　　上記の結果、流動資産の金額は、以下のようになる。

　　59,200千円－250千円－3,600千円－12,000千円－2,500千円＝40,850千円

2．流動負債の計算　①割引手形は受取手形と相殺されて0となる。ただし、原則として注記表に割引手形の残高を表示する。

　　②未払法人税等は仮払金と相殺され、3,600千円減少する。

　　上記の結果、流動負債の金額は、以下のようになる。

　　41,750千円－12,000千円－3,600千円＝26,150千円

3.

貸借対照表（抜粋）

F社　　　　　　　　令和×年9月30日　　　　（単位：千円）

流動資産	(40,850)	流動負債	(26,150)
現金預金	15,250	支払手形	10,500
受取手形	13,000	買掛金	4,250
売掛金	8,000	短期借入金	7,500
商品	5,000	未払法人税等	3,900
貸倒引当金	△400		

（注）受取手形の割引高 12,000千円（原則として注記表に記載する）

～ *follow up* ～

　　前払費用は、前払利息、前払保険料などのように、一定の契約にしたがって継続的に役務の提供を受ける場合のいまだ提供されていない役務の対価であり、経過勘定である。

　　このような前払費用について、決算期後1年以内に費用となるものは流動資産に、それ以外の1年を超えて費用となるものは長期前払費用として投資その他の資産に記載する。

固定資産・繰延資産の分類・内容

基本問題

G社の機械装置勘定に関する資料は下記のとおりである。

G社の当期の機械装置の新規購入額はいくらか、計算過程を示して答えなさい。なお、消費税は考慮しないこととする。

（単位：万円）

(1) 機械装置勘定（直接法による）の残高
　　　前　　期　　7,000
　　　当　　期　　8,000
(2) 当期の機械装置減価償却費　　　　350
(3) 当期の機械装置売却益　　　　　　200
(4) 当期の機械装置売却収入　　　　2,400

☞ **本問のポイント**

① 固定資産の取得価額、償却額の計算、処理

② 売却時の会計処理、売却損益の計算

解答欄（自己作成欄）

問題理解と解答作成ポイント

　本問におけるＧ社の期中機械装置勘定の取引記録をまとめると、下記の
とおりとなる。減価償却は直接法で処理している。

機械装置

（借　方）		（貸　方）	
前 期 繰 越	7,000	売却簿価	
購 入 額		減価償却費	350
		次期繰越	8,000
合　　計	X	合　　計	X

　このうち、貸方売却簿価がわかれば、合計額Ｘがわかり、借方の購入額
が差引計算できることになる。そこで、売却収入と売却益により売却簿価
を計算する。

　　売却収入2,400万円－売却益200万円＝2,200万円（売却簿価）

　この結果、貸方合計10,550万円となり、同額借方合計から7,000万円を
差し引けば、購入額3,550万円が算出される。

★関連事項

1　有形固定資産の内容

　企業に投下された資本のうち、通常の営業過程において使用または利用
するために長期に保有する資産や利殖その他経営上の目的から長期に所有
する資産が固定資産に属する。この固定資産は、有形固定資産、無形固定
資産、投資その他の資産の３つに区分される。このうち、有形固定資産は具
体的な形をもった資産で、これに属する科目としては、土地、建物、構築
物、機械装置、船舶、車両運搬具、工具器具備品、建設仮勘定などがある。

2　無形固定資産の内容

　無形固定資産とは、具体的な有形物ではないが、企業に対して特定の商
品等の製造・販売に関して他を排除し、または他より優先的地位を確保さ

せることによって資産としての価値を生じるもので、事実上の権利、法律上の権利などがこれに含まれる。その主要なものは、次のとおりである。

① 事実上の権利……のれん（旧商法の営業権を含む概念である）

② 法律上の権利……特許権、借地権、商標権、実用新案権、意匠権、鉱業権、漁業権

③ 有形物の専用権……専用側線利用権、電気ガス供給施設利用権、電話加入権

④ ソフトウェア

　上記のうち、のれんは会計上発生する差額にすぎないが、発生する理由は同業他社と比べた場合に有する超過収益力を評価したものであるとされている。のれんは直接測定することが難しいため、会社法では企業が合併するとか、他社から営業譲渡を受けた場合など、有償取得の場合に限り資産に計上することができる。

3　投資その他の資産の内容

投資その他の資産に記載される科目には、次のようなものがある。

① 関係会社の株式

② 投資有価証券（長期保有の有価証券、非上場有価証券、出資金）

③ 長期差入保証金・敷金

④ 投資不動産

⑤ 長期貸付金・長期預金

⑥ 長期前払費用

⑦ 長期繰延税金資産

　上記のうち、③長期差入保証金・敷金、⑤長期貸付金・長期預金、⑥長期前払費用などの金銭債権は、ワン・イヤー・ルールにより、その履行期が決算期後1年を超えて到来するものである。関係会社の株式または持分は、他の株式等と区別して投資その他の資産に記載しなければならない。

財・務・諸・表

4　繰延資産の内容

繰延資産とは、すでに代価の支払が確定しまたは支払義務が確定し、これに対応する役務の提供も受けているにもかかわらず、その効果が将来にわたって発現するものと期待される費用をいう。

繰延資産は、貸借対照表の資産の部の末尾に繰延資産として区分掲記される。

また、その金額は無形固定資産と同様に償却額を控除した残額で貸借対照表に記載される。

繰延資産については、会社計算規則74条のほか、詳細は「繰延資産の会計処理に関する当面の取扱い」実務対応報告19号に規定され、これらが実務の指針となっている。

なお、支出の効果が期待できなくなった繰延資産の未償却残高は、一時に償却することとなる。この指針で規定されている繰延資産は、次の5項目となっている。

①　株式交付費

②　社債発行費等（新株予約権の発行にかかる費用を含む）

③　創立費

④　開業費

⑤　開発費

会社法の施行とともに建設利息は廃止され、研究開発費についても、日本基準では原則として費用処理されることとなっている。また、従来の社債発行差金については、「金融商品に関する会計基準」により、繰延資産ではなくなり、社債は発行時の払込金額をもって貸借対照表に表示されるようになった。

会社法における繰延資産

項　目	内　容	会計処理	繰延資産処理した場合の償却期間
株式交付費	新株発行のための費用	原則として支出時に費用処理するが、繰延資産とすることもできる。	3年内の期間で定額法により償却
社債発行費等	社債発行、新株予約権の発行のための費用	原則として支出時に費用処理するが、繰延資産とすることもできる。	社債の償還までの期間で利息法、定額法により償却
創立費	会社の設立費用、発起人報酬、設立登記のために支出した税額	原則として支出時に費用処理するが、繰延資産とすることもできる。	5年内の期間で定額法により償却
開業費	開業準備のために支出した費用	原則として支出時に費用処理するが、繰延資産とすることもできる。	5年内の期間で定額法により償却
開発費	新技術、市場の開拓等のために支出した費用	原則として支出時に費用処理するが、特別に支出したものは繰延資産とすることもできる。	5年内の期間で定額法その他の合理的な方法により償却

(注)　法人税法の繰延資産とは定義が異なる概念であるので区別して考える。

【基本問題解答例】

　売却した機械装置の帳簿価額は、

　　(売却収入)−(売却益)＝2,400−200＝2,200万円

　機械装置勘定の前期帳簿価額と当期帳簿価額の間には次のような等式が成り立つ。

　　(前期帳簿価額)＋(当期新規取得額)−(当期売却帳簿価額)−

　　(当期減価償却費)＝(当期帳簿価額)

　この等式に数字を代入すると、

　　7,000＋(当期新規取得額)−2,200−350＝8,000万円

　よって、(当期新規取得額)＝8,000−7,000＋2,200＋350＝3,550万円

　したがって、G社の当期の機械装置の新規購入額は3,550万円である。

> ## 応用問題
>
> 　繰延資産とはどういうものか、前払費用との相違にふれながら、簡単に説明しなさい。

☞基本問題との相違点

① 適正な損益計算を行うことを目的として資産に計上されている。

② 会社法規定にもとづき計上される。

③ 研究開発費および開発費についての会計基準が発表された。

④ 前払費用との相違点を指摘すること。

⑤ 日本基準とIFRS

【研究開発費（IAS38)】

　IFRSでは、将来の経済的便益を生み出す可能性が高い開発費は資産計上する。したがって、研究開発費の過年度分について影響が出るといわれている。

	IFRS	日本基準
開発費の会計処理	原則として資産計上	原則として費用（損失）計上

【応用問題解答例】

　繰延資産とは、すでに代価の支払が完了（または支払義務が確定）し、これに対応する役務の提供も受けてしまったが、その効果が将来にわたって発現するものと期待されていることから、その効果のおよぶ期間に費用負担を合理的に配分するため経過的に資産計上されるものである。具体的には、開業費、開発費など5種のものが定められており（実務対応報告19号）、一定期間内の償却も規定されている。

　上記会社法規定に関連して、「研究開発費等に係る会計基準」の対象となる研究開発については、原則として発生時の費用として計上し、繰延資産として計上できないこととされている。

　このような繰延資産は、前払費用と似たような内容の資産である。すなわち、前払費用は、すでに代価の支払が完了し、その効果が将来にわたって発現するものである点は繰延資産と似ている。しかし、繰延資産はすでに役務の提供を受けてしまっているものであるのに対し、前払費用はこれから役務の提供を受けるものであること、すなわち、役務の提供をまだ受けていないものに対する前払いであることが、繰延資産と大きく異なる点である。

財務諸表

～ *follow up* ～

ソフトウェアは無形固定資産に

　企業会計では、平成10年に「研究開発費等に係る会計基準」が公表され、ソフトウェアについて、研究開発用は発生時の費用とし、市場開発用3年、自社利用5年でそれぞれ定額償却するルールとされた。

　税法でもこれをふまえて、無形固定資産の範囲にソフトウェアが追加され、ソフトウェアの税務上の資産区分が繰延資産から無形固定資産に変更された。

負債の分類・内容

基 本 問 題

　　H社（1年決算）の財務諸表に計上された法人税、住民税、事業税
の金額は、次のとおりである。

（単位：百万円）

	損 益 計 算 書 （法 人 税 等）	貸 借 対 照 表 （未払法人税等）
前　　期	193	105
当　　期	258	146

　上記の資料により次の設問に答えなさい。

(1)　損益計算書および貸借対照表に計上されている金額は、それぞ
　　れどういう内容のものであるかを説明しなさい。

(2)　当期中に支払った税金（法人税・住民税・事業税）の金額はい
　　くらか、計算過程を示して答えなさい。

　　なお、事業税の外形標準課税は考慮しない。

☞本問のポイント

①　法人税等の損益計算書上の計上額の計算

②　未払法人税等の貸借対照表上の計上額の計算

③　税金支払額とB／S未払計上額、P／L計上額との計算過程

④　事業税の外形標準課税にかかるものは通常販売費及び一般管理費に計
　上されている。

解答欄（自己作成欄）

財
務
諸
表

問題理解と解答作成ポイント

　財務諸表に計上された法人税、住民税および事業税の金額が、それぞれ何を意味するかを説明する問題である。税制についてある程度の知識がないと、なぜ損益計算書と貸借対照表の計上額に差異があるのかなどの説明が要領を得ないことになる。

　法人税、住民税および事業税（所得割）は、企業の利益（課税所得）を対象として課税される。損益計算書上も、税引前当期純利益の次に控除項目として計上される。そして、これはその事業年度（1年決算）の利益が負担すべき法人税、住民税および事業税の総額を意味するのである。

　この損益計算書上の計上額は、その事業年度中に企業が実際に支払った税金の額ではない。この金額には予定納税による中間申告納税額と、確定申告にもとづき、期末においてはまだ未納の引当額が含まれているからである。

　1年決算の会社は、当該事業年度開始の日以後6ヵ月を経過した日から2ヵ月以内（すなわち開始後8ヵ月以内）に中間申告または予定納税をしなければならない。納付すべき金額は、予定納税の場合は前事業年度の税額の2分の1となる。中間申告を選択する場合は、6ヵ月間を1事業年度とみなして中間決算を実施し、その結果得られた所得額について計算された税額とされている。このように、中間申告または予定納税によって、分割納付するのである。

　そして決算期末において確定申告を実施し、その年度の課税所得に対応する法人税、住民税および事業税が決定され、この金額が損益計算書の税引前当期純利益の後に計上されるわけである。

　次に、貸借対照表上の未払法人税等は、当期の年税額から中間での予定納税額を控除した差額が未払計上される。そしてこの税金未払額は、決算日後2ヵ月（延長法人の場合は3ヵ月）以内に納付される予定の税額である。

　損益計算書への計上額と貸借対照表への計上額とに、食い違いがあるの
は以上のような税制および会計処理のしくみに起因している。

★関連事項

1　流動負債と固定負債の分類

　負債の部は、流動負債と固定負債に区分される。

　流動負債と固定負債を分ける基準にも、資産を分類する基準と同様に、
ワン・イヤー・ルール（1年基準）と営業循環基準の2つの基準がある。

　ワン・イヤー・ルールは、営業外の金銭債務に適用されるもので、その
履行期が決算期後1年以内に到来するものは流動負債に、それ以外のもの
は固定負債の部に計上するものである。これに対して、買掛金、支払手形
その他営業取引によって生じた金銭債務は、流動負債に計上するというの
が、営業循環基準による区分である。この営業循環基準による分類では、
正常な営業循環にあるものはすべて流動項目とする。

2　未払金・未払費用

　未払金とは、特定の契約などによりすでに確定している債務のうち、い
まだに支払が終わらないものをいう。たとえば、固定資産や有価証券など
の購入代金の未払金、未払配当金などがこれにあたる。

　未払費用とは、一定の契約に従い、継続的に役務の提供を受ける場合、
すでに提供された役務に対していまだその対価の支払の終わらないものを
いう。そしてこの対価は、時の経過に伴い、または役務の受入によってす
でに当期の費用として発生しているものであるから、これを当期の損益計
算に計上するとともに、流動負債に計上すべきものとされる。たとえば、
未払賃金または給料、未払利息、未払賃借料などがこれにあたる。

3　前受収益・前受金

　前受収益は、前受利息、前受手数料などのように、一定の契約によって
継続的に役務を提供する場合、まだ提供していない役務に対する金銭など

財務諸表

の前受分をいい、未払費用と同様に経過勘定項目と呼ばれている。

　前受金は、将来引き渡すべき商品等の代価の前受額をいい、流動資産の前渡金に対応する勘定科目である。この前受金は、一般に営業取引上のものであるから、流動負債として計上される。

4　預り金

　預り金とは、他人から金銭などを受け入れ、後日これを原則的にその者に返還を要するものをいう。預り金として計上されるものの内容は、比較的バラエティに富んでおり、たとえば営業取引に関する預り金や保証金、源泉所得税などの一時預り金、従業員の社内預金などがある。

5　分析者の立場からの分類

　流動負債と固定負債の分類基準は、対象会社の支払能力を分析するために有用で流動資産と固定資産との分類基準と軌を一にしたものである。すなわち流動比率は、その返済のために流動資産を使用するという仮定のもとで両者を対応させ、対象会社の支払能力を判断する指標となる。

6　関係会社に対する金銭債務など

　会社法では、関係会社に対する金銭債務については、他の金銭債務と区別して記載するか、注記することを要求している（会社計算規則103条1項6号）。これらの金銭債務は、営業取引上のものであるかないかを問わず、すべてのものにわたる。

　一方、役員（取締役、監査役、執行役）に対する金銭債務については、区分記載は求めていないが、その総額を注記することを要求している（会社計算規則103条1項8号）。

【基本問題解答例】

(1)　損益計算書の計上額は、その事業年度の課税所得に対する法人税、住民税および事業税の総額を意味する。

　　また、貸借対照表の流動負債に計上される金額は、確定申告により算出された税額で、決算日より2ヵ月以内に支払うべき税額を意味する。それは当期の法人税等の総額のうち、予定申告または中間申告により納付済の税額を差し引いた、決算日現在の未納額を意味する。

(2)　当期税金支払額＝前期B／S未払法人税等＋当期P／L法人税等－当期B／S未払法人税等＝105＋258－146＝217百万円

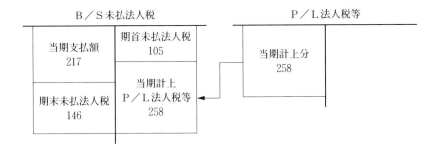

財務諸表

～ follow up ～

仮払金・仮受金

　仮払金は、金銭の支払はあったが、処理すべき科目や金額の確定しないものについて使われる勘定科目である。したがって、期末時点では極力整理して他の明確な科目に振り替えるべきものである。

　仮受金は、金銭の受入れはあったが、処理すべき科目や金額の確定しないものについて使われるものである。この種の仮勘定は、仮払金と同様に、それだけでは内容が不明確なものが多いので、分析に際して特に金額の多い場合には注意を要する。

応用問題

　下記の資料によって、貸借対照表の負債の部を作成し、また(3)の支払手形の記載方法について説明しなさい。ただし、関係のない資料も含まれている。

(1)　銀行借入金は、短期運転資金30百万円と長期設備資金40百万円である。ただし、長期設備資金のうち20百万円は決算期後１年以内に返済の予定である。

(2)　賞与引当金10百万円、貸倒引当金７百万円、退職給付引当金25百万円。

(3)　支払手形70百万円はすべて原料の仕入債務であるが、うち12百万円は期日が決算期後１年を超えるものである。

(4)　買掛金50百万円、未払金（機械購入代金）24百万円、預り金５百万円。

(5)　未収収益１百万円、未払費用７百万円、前受収益２百万円、前払費用６百万円。

(6)　買掛金の支払に充当した裏書譲渡手形12百万円。

☞基本問題との相違点

①　借入金、支払手形、買掛金、未払金の計上方法
②　引当金の計上方法
③　未払費用、前受収益の計上方法
④　裏書譲渡手形の計上方法

【応用問題解答例】

貸借対照表の負債の部

（単位：百万円）

流動負債		前受収益	2
支払手形	70	賞与引当金	10
買　掛　金	50	流動負債合計	218
短期借入金	30	固定負債	
1年以内返済予定長期借入金 　（短期借入金に含めても可）	20	長期借入金	20
		退職給付引当金	25
未　払　金	24	固定負債合計	45
未払費用	7	負債合計	263
預　り　金	5		

　支払手形70百万円のうち、12百万円は支払期日が決算期後1年を超えるものであるが、営業取引によって生じた仕入債務については営業循環基準が適用され、ワン・イヤー・ルール（1年基準）によらないので、70百万円全部が流動負債として記載される。

〈補足〉裏書譲渡手形について

　試算表に裏書譲渡手形がある場合、伝票処理としては2つの会計処理（①受取手形と裏書譲渡手形の両建てする方法、②裏書譲渡手形を受取手形から控除した残額で計上する方法）がある。

　どちらの方式で伝票処理をした場合でも、実務では会社計算規則に従い貸借対照表の負債の部には計上せず、個別注記表において偶発債務の一種として裏書手形譲渡高として残額を注記する。

　要するに注記で裏書手形の表示をするために、貸借対照表には裏書譲渡手形の記述の必要はない。

42

純資産の分類・内容⑴

┌─────── 基本問題 ───────┐

　利益準備金とはどのようなものか、会社法上積み立てなければなら
ない場合、およびその取崩しの制限について簡単に説明しなさい。

└──────────────────────┘

☞ 本問のポイント

① 利益準備金積立ての意味

② 積立てを要する額

③ 取崩しが認められるケース

解答欄（自己作成欄）

問題理解と解答作成ポイント

　利益準備金については、会社法および会社計算規則に定められた積立ておよび取崩しの規定があり、本問はこの内容を中心に解答すればよい。

　しかし、法律の規定内容だけを記すのでは本当の説明にならないので、まず利益準備金は利益の留保されたものであること、次にそれは会社の任意で行うのでなく、会社法の定めにより積立てを強制されるものであること、また、なぜ積み立てるのか、その目的を明らかにするなどを簡単にコメントすることが必要であろう。

1　資本金の額の減少

　会社法上、資本金が増減するケースは限定されている。資本金を減少する際には、原則として株主総会の特別決議を要する。例外として、欠損の填補の場合には株主総会の普通決議でよいこととなっている。また、新株発行と同時に資本金額の減少をする場合で、資本金額の減少効力発生日後の資本金の金額がその日前の資本金の金額を下回らないときには、取締役会決議（取締役の決定）でよいこととされている。

2　準備金の増加

　剰余金の配当をする場合には、当該剰余金の配当額の10分の1を資本準備金または利益準備金として計上しなければならない。

　資本金の減少とともに準備金の額を増加することもできる。

　株主総会の普通決議により、剰余金の額を減少させて準備金の額を増加することもできる。

3　準備金の減少

　会社法上、準備金が減少するケースは限定されている。

　準備金の減少には、原則として債権者保護の手続きが必要とされている。

　ただし、資本金を増加させるための場合には債権者保護の手続きは不要である。

財務諸表

　定時株主総会の決議による準備金の減少で減少後なお分配可能な剰余金が生じないときには、債権者保護の手続きは不要である。

【純資産の部】

　個別貸借対照表の純資産の部および連結貸借対照表の純資産の部の表示については、次のとおりとなる。

（個別貸借対照表の純資産の部）

（純資産の部）
Ⅰ　株主資本
1．資本金
2．新株式申込証拠金
3．資本剰余金
（1）資本準備金
（2）その他資本剰余金
資本剰余金合計
4．利益剰余金
（1）利益準備金
（2）その他利益剰余金
××積立金
繰越利益剰余金
利益剰余金合計
5．自己株式
6．自己株式申込証拠金
株主資本合計
Ⅱ　評価・換算差額等
1．その他の有価証券評価差額金
2．繰延ヘッジ損益
3．土地再評価差額金
評価・換算差額等合計
Ⅲ　株式引受権
Ⅳ　新株予約権
純資産合計

（注）該当項目がない場合には表記が省略されている。

（連結貸借対照表の純資産の部）

（純資産の部）
Ⅰ　株主資本
1．資本金
2．新株式申込証拠金
3．資本剰余金
4．利益剰余金
5．自己株式
6．自己株式申込証拠金
株主資本合計
Ⅱ　評価・換算差額等
1．その他の有価証券評価差額金
2．繰延ヘッジ損益
3．土地再評価差額金
4．為替換算調整勘定
評価・換算差額等合計
Ⅲ　株式引受権
Ⅳ　新株予約権
Ⅴ　非支配株主持分
純資産合計

財務諸表

参考：自己株式の会計処理と税務処理

	会計での取扱い	税務での注意点
自己株式の取得	・自己株式は取得原価で記帳する。 ・自己株式の付随費用は営業外費用に計上する。 ・自己株式は、純資産の部の株主資本の末尾から控除する形式で表示する。	〈みなし配当が生じる場合〉 取得資本金額を資本等の金額から控除する。 〈みなし配当が生じない場合、取得時に対価の交付がない場合〉 取得の対価を資本等の金額から控除する。
自己株式の消却	・消却手続きしたときに、帳簿価額をその他資本剰余金から控除する。 ・その他資本剰余金から控除することができないときには、繰越利益剰余金から減額する。	特にない。別表5（2）の記載に注意する。
自己株式の譲渡	・自己株式処分差益はその他資本剰余金に計上する。 ・自己株式処分差損はその他資本剰余金から控除する。 ・その他資本剰余金から控除することができないときには、繰越利益剰余金から減額する。	
適用時期	会社法施行に伴い適用されている。	

★関連事項

1　自己資本

　自己資本とは、貸借対照表の純資産の部の項目で、株主（または出資者）の払い込んだ資本金、資本取引等により積み立てた準備金および内部留保された剰余金等から成り、それは企業の所有者（株主など）に帰属するものである。

2　資本金

　資本金とは、会社法に規定する資本の総額であり、会社法では原則とし

て発行済株式の発行価額の総額をもって資本金とするが、払込金額の2分の1までは資本準備金とすることができる。よって払込または給付金額の総額から資本準備金（払込剰余金）を控除した額が資本金となる。

3　準備金

準備金とは、会社法の規定により特定の場合に積み立てなければならない資本準備金および利益準備金をいう。

4　自己株式

自己株式は、貸借対照表の純資産の部に株主資本から控除する形で計上される。すなわち、純資産の部から自己株式の取得原価を控除する形式で記載する。

【基本問題解答例】

利益準備金とは、会社法の規定により利益から積み立てなければならない準備金をいい、資本準備金とともに、法定準備金を構成するものである。利益準備金は、会社法が債権者の保護をはかるため一定割合を留保させるものである。

すなわち、株式会社は利益準備金と資本準備金の額とあわせてその資本金の4分の1に達するまでは、剰余金の配当額の10分の1を、その財源を利益剰余金とするものについては利益準備金に積み立て、その財源を資本剰余金とするものは資本準備金に積み立てることを要することとしている。

積み立てた利益準備金は、株主総会の決議を経て配当可能利益として取崩しが認められる。

財務諸表

応用問題

J社（資本金2億円、1株の額面50円、資本準備金2,000万円、利益準備金4,800万円——期首現在、年1回3月末日決算）は、当期中において下記の取引を行った。次の設問に答えなさい。

---

① 令和X1年11月に、2,400万円の剰余金の配当を実施した。
② 令和X2年2月末に、1株について発行価額700円で、8万株の時価発行増資を実施した。

---

(1) 期中に利益準備金として積立てを要する金額はいくらか。
(2) 会社法の定める最低額を資本金に組み入れることとした場合、資本準備金として積み立てる金額はいくらか。

☞基本問題との相違点

基本問題では、資本勘定の法律理論を課題とするのに対し、本問ではこれを計算例で検討するものである。

なお、純資産が300万円を下回るときには剰余金の分配を行うことが禁止されているので注意したい。

【応用問題解答例】

(1)　会社法上、資本準備金および利益準備金の合計額が資本金の４分の１に達するまで、剰余金の配当の10分の１を積み立てることを要することとされている。

　　したがって、本設問の資本金の４分の１は、２億円×1/4＝5,000万円となる。しかしながら、期首現在の法定準備金は、資本準備金と利益準備金を合計すると、6,800万円であり、すでに資本金の４分の１に達している。よって準備金の積立ては不要である。

(2)　企業が時価発行増資を実施した場合、会社法上、原則として払込または給付価額の全額を資本金に組み入れなければならない。ただし、払込または給付価額の２分の１を限度として、資本金に組み入れないこともできる。

　　したがって、会社法上、最低金額を資本金に組み入れることとした場合の資本準備金組入額は、１株当たりの発行価額700円のため、その２分の１の350円は資本準備金とすることができる。したがって、（発行価額700円－資本準備金組入れ350円）×８万株＝2,800万円が資本金に計上される。

財　務　諸　表

応用問題

　下記のD社の当期（自令和2年1月1日から至令和2年12月31日）の〈資料〉にもとづいて、次の設問に答えなさい。

(1)　期中取引①〜③について、仕訳を示しなさい。

(2)　①当期首時点および②剰余金の配当が株主総会で承認された時点の分配可能額を、計算過程を示して算出しなさい。

(3)　配当を実施した場合の利益準備金の要積立額について、簡単に説明しなさい。

〈資料〉

〈期首残高に係る資料〉

　当期首における純資産の部の残高の内訳は、次のとおりである。

資本金	250,000千円
資本準備金	30,000千円
利益準備金	18,520千円
配当準備積立金	46,000千円
繰越利益剰余金	37,210千円

〈期中取引に係る資料〉

①令和2年3月23日に開催された株主総会において、次の決議がなされた。

配当金　　25,200千円（繰越利益剰余金より）	
配当積立金の積立	18,000千円
配当準備積立金の取崩	18,000千円

②令和2年9月23日に開催された取締役会において、次の決議がなされた。

配当金	18,000千円
配当積立金の取崩	18,000千円

③令和2年11月30日に次の条件で公募発行増資を行い、全部の払込を受けた。

発行株式数	750株
発行価額	1株96千円

払込金額の2分の1を資本金とする。

【応用問題解答例】

(1)　(単位：千円)

	借　方	金額	貸　方	金額
①	繰越利益剰余金	27,720	未払配当金	25,200
			利益準備金	2,520
	繰越利益剰余金	18,000	配当積立金	18,000
	配当準備積立金	18,000	繰越利益剰余金	18,000
②	繰越利益剰余金	19,800	未払配当金	18,000
			利益準備金	1,800
	配当積立金	18,000	繰越利益剰余金	18,000
③	現金預金	72,000	資本金	36,000
			資本準備金	36,000

(2)　①　当期首時点の分配可能額

　　　＝配当準備積立金46,000千円＋繰越利益剰余金37,210千円＝83,210千円

　　②　剰余金の配当が株主総会で承認され確定した時点での分配可能額

　　　株主総会で剰余金の配当を承認決議した時点で利益準備金の積立てが必要となる。

　　　利益準備金積立額＝配当金 25,200千円×1/10＝2,520千円、同額の剰余金が減少する。

　　　株主総会時点の分配可能額

　　　＝(配当準備積立金46,000千円＋繰越利益剰余金37,210千円)－利益準備金積立額2,520千円＝80,690千円となる。

(3)　資本準備金および利益準備金の合計額が資本金の4分の1に達するまで、配当金の10分の1を積み立てる必要がある。

　　したがって、資本金の4分の1に達するまで、資本準備金および利益

準備金を積み立てる必要がある。

　資本金250,000千円÷4＝62,500千円がこの会社の積立の上限となる。

62,500千円－（資本準備金30,000千円＋18,520千円）＝13,980千円まで今後配当の都度の積立が必要になる。

〈補足〉剰余金の配当について

　会社法では剰余金の配当はいつでも株主総会の決議等により行うことができるようになったため、配当の効力発生日における分配可能額を算出することが必要になる。

　したがって、分配可能額は、配当の効力発生時点における剰余金の額に所要の調整を行い算出する。

　具体的な計算は以下のような2段階での計算となる。

(1)　剰余金の額の算定

第1段階として、剰余金の額の算定が必要になる。

①　まず、最終の事業年度末日現在の剰余金の額を算定する。

資産の額	＋	
自己株式の帳簿価額	＋	
負債の額	－	
資本金と資本準備金の合計額	－	
法務省令で定める事項	－	
最終の事業年度末日現在の剰余金の額	合計	＝その他の資本剰余金 ＋その他の利益剰余金

②　次に、最終の事業年度末日後の剰余金の額の変動増減を反映させて求める。

　最終の事業年度末日後の剰余金の額の増減により、剰余金の額は期末日の額ではなく分配時（配当の効力発生日）の額を捉える。

主なものを示すと以下のようになる。

最終の事業年度末日現在の剰余金の額	＋	＝その他の資本剰余金 　＋その他の利益剰余金
資本金・準備金からの振替による増加	＋	
資本金・準備金への振替による減少	－	
配当等による減少	－	
剰余金の配当にかかる準備金の増加額	－	
その他の調整事項		
分配時（配当の効力発生日）の剰余金の額	－	

(2) 分配可能額の算定

　第1段階として分配時の剰余金の額が決まったら、その数値をもとに第2段階として分配可能額の算定を行う。

　主な調整事項は以下のようになる。

分配時（配当の効力発生日）の剰余金の額	＋	
その他有価証券の評価差額（損失）	－	評価損の場合に分配規制
土地評価差額金（損失）	－	評価損の場合に分配規制
のれん、繰延資産等の規制	－	（のれん×1/2＋繰延資産）は分配制限がかかっている。
連結配当規制	－	連結計算書類を作成する場合の規制
自己株式の帳簿価額	－	帳簿価額が分配規制
事業年度末日後に処分した自己株式の対価の額	－	
300万円基準にかかる規制	－	純資産を300万円以下にできない
分配可能額	合計	

　剰余金の配当をする場合には、法務省令で定めるところにより、その剰余金の配当により減少する剰余金の額に10分の1を乗じて得た額を資本準備金または利益準備金として計上しなければならない（会社法445条4項）。

　また、株式会社の純資産が300万円を下回る場合には、株主に対して剰

余金の配当を行うことができない（会社法458条）。

　(3)　応用問題の考え方

これを前提に応用問題を検討する。

　①　当期首（令和2年1月1日）時点の分配可能額

　　分配可能額＝配当準備積立金46,000千円＋繰越利益剰余金37,210千円
＝83,210千円となる。

　②　株主総会決議日に剰余金の配当が確定する場合の分配可能額

　　剰余金の配当を株主総会で決議した時点で配当時の利益準備金の積立
てが必要となる。

　したがって、決議された時点で配当金25,200千円×1/10＝2,520千円を
利益準備金に積み立てることが確定し、同時にその額だけ剰余金の額は減
少していることとなる。

　　分配可能額＝(配当準備積立金46,000千円＋繰越利益剰余金37,210千
　　円)－利益準備金積立額2,520千円＝80,690千円となる。

　なお、いずれの場合であっても、本問で純資産の300万円規制の影響は
ない。

　また、剰余金の配当の基準日が明示されていない場合には、株主総会決
議日の令和2年3月23日が配当の効力発生日とみなすことが多いとされる
が、株主総会決議日以降のいずれかの日に配当の効力発生日が別途設定さ
れていることも考えられる。

　このように剰余金の配当の効力発生日がいつになっているかが重要であ
るため、効力発生日には十分に注意して解答する。

純資産の分類・内容(2)

出題【22年10月・問3／21年6月・問3】

┌─ 基本問題 ─┐

次の設問に答えなさい。

(1) 次の貸借対照表の諸科目から算出した資本の部の「利益剰余金」合計額はいくらになるか、計算過程を示して算出しなさい。

(単位：百万円)

無形固定資産	4	買　掛　金	254
有形固定資産	332	現 金 預 金	222
借　入　金	318	未払法人税等	46
資　本　金	100	退職給付引当金	76
利 益 準 備 金	22	売　掛　金	300
商　　　品	260		

(2) 利益剰余金は、どのような内訳科目で示されるか、利益準備金を除いた主なものにつきその内容を簡単に説明しなさい。

☞ 本問のポイント

① Ｂ／Ｓ諸項目から損益計算を行う。

② 純資産をどのように表示することになるかをまとめる。

③ 株主資本等変動計算書について理解する。

解答欄（自己作成欄）

問題理解と解答作成ポイント

　問題に与えられた勘定科目明細を通覧すると、資産勘定と負債勘定が網羅されている感じであるが、純資産勘定に属するものは資本金と利益準備金の2勘定だけが示されて、それ以外がないので、以上の諸勘定の差額から利益剰余金勘定を算定する問題であることが理解されるであろう。したがって、利益剰余金合計額は次の算式で計算することになる。

　　資産合計－負債合計＝純資産合計

　　純資産合計－資本金＝利益剰余金合計

　本問では以上のことに気づき、資産、負債それぞれの合計額の計算に誤りがなければよいわけである。

★関連事項

1　利益剰余金

　利益剰余金とは、貸借対照表上の資産合計額から負債合計額を控除した純資産額の株主資本のうち資本金、資本剰余金および自己株式を除いた残額をいう。利益剰余金は、純資産の部の一区分として記載し、利益準備金とその他利益剰余金から成る。その他利益剰余金は、その内容を示す適当な名称を付けた科目に細分しなければならない。

2　任意積立金

　任意積立金は、その他利益剰余金の内訳項目であり、定款の規定、株主総会の決議などにより特定の目的のために利益を留保した金額である。任意積立金には、その目的を具体的に定めたもの、たとえば退職給与積立金・配当平均積立金・事業拡張積立金などと、その目的が具体的でないもの、たとえば別途積立金などの2種類がある。

　目的積立金は当該目的のために取崩しして使用することができるが、目的に従う取崩しでない場合や別途積立金・配当平均積立金の取崩しは、株

主総会の決議を経たうえでないと処分はできない。

3　その他有価証券評価差額金

その他有価証券の時価評価によって生じる評価差額については、当期の純損益に含めて計上する方法と、当期の損益に含めずに純資産の部に直接計上するものとがあり、貸借対照表上の取扱いが異なる。

その他有価証券評価差額金のうち、純資産の部に直接計上すべきものについては、貸借対照表の純資産の部の評価・換算差額の内訳項目として、その他有価証券評価差額金の科目を設けて区分記載する。

4　株主資本等変動計算書

(1)　株主資本等変動計算書の意義

株主資本等変動計算書は貸借対照表の純資産の部の一会計期間における変動額の変動事由を報告するために作成される財務諸表（計算書類）である。会社法の施行に伴い採用されている。

株主資本等変動計算書は、純資産の部を構成する株主資本と評価・換算差額等、株式引受権、新株予約権、非支配株主持分のうち、主に株主資本にかかる変動を開示することに重点をおいている。

なお、株主資本等変動計算書の様式には、横に並べる方式と縦に並べる方式がある。

(2)　株主資本等変動計算書の構造

株主資本等変動計算書は、期首と期末の貸借対照表の純資産の部を比較し、その増減の内容を示したものである。

具体的には、次頁のようになる。

財務諸表

〈例示〉

(単位：円)

純資産の部		期首B/S		(減少)	(増加)		期末B/S
株主資本	資本金	500,000	＊1	100,000	350,000	＊2	750,000
	資本剰余金	50,000			50,000	＊3	100,000
	利益剰余金	450,000			220,000	＊4	670,000
	自己株式	△20,000			△25,000	＊5	△45,000
評価・換算差額等	その他有価証券評価差額金	50,000			15,000	＊6	65,000
	繰延ヘッジ損益	60,000	＊7	40,000			20,000
株式引受権							
新株予約権		0			30,000	＊8	30,000
純資産合計		1,090,000					1,590,000

＊1 減資
＊2 増資による増加
＊3 増資による増加
＊4 当期純利益の増加
＊5 自己株式の取得
＊6 その他有価証券の時価の増加による
＊7 ヘッジ会計を適用している場合に繰延ヘッジによる損失の繰延
＊8 新株予約権の発行

　上記の図で網掛けの全体をまとめて増減理由を示したものが、実質的には株主資本等変動計算書である。

【基本問題解答例】

(1) 　資　産　合　計　4＋332＋260＋222＋300＝1,118百万円

　　　負　債　合　計　318＋254＋46＋76＝694百万円

　　　純　資　産　合　計　1,118－694－424百万円

　　　利益剰余金合計　424－100＝324百万円

　　　　　　　　　　　　　　　　　　<u>324百万円</u>

(2) 　剰余金とは、会社法上会社の純資産額が法定資本額を超える額をい
　　い、これが資本剰余金と利益剰余金とに区分される。利益準備金を除
　　いたその他の利益剰余金の主な内訳として、次の2つがある。

　① 　任意積立金

　　　会社が任意に積み立てたものであり、別途積立金などがその例で
　　ある。これらは、その内容を示す適当な名称を付した科目に細分し
　　て計上する。

　② 　繰越利益剰余金

　　　期首の留保利益のうち、剰余金の配当および利益準備金積立額、
　　法定準備金および任意積立金に繰り入れたものを除いた残額と、当
　　期の利益を合計した額である。「繰越利益剰余金」として記載され
　　る。プラスではなくマイナスとなることもある。

財務諸表

有価証券の評価

出題【23年10月・問4／22年6月・問5/21年6月・問5/20年10月・問2】

基本問題

当社は、下記銘柄の上場株式を「売買目的有価証券」として保有している。その取得原価および各期における時価は、次のとおりである。当期より「時価法」を適用するものとする。よって、当期末、翌期首および翌期末の会計処理を仕訳のかたちで示し、あわせてその計算過程を示しなさい。税効果は考慮しないものとする。

なお、評価差額の処理は、洗替方式を選択適用するものとする。

（単位：円）

銘　柄	当期末		翌期末
	取得原価	期末時価	期末時価
Ａ株式	90,000	60,000	30,000
Ｂ株式	150,000	200,000	220,000
合　計	240,000	260,000	250,000

☞本問のポイント

① 当期末の時価評価額を取得原価と比較し、評価損益を計上。
② 翌期首に①の評価損益を戻入計上。
③ 翌期末に時価評価し、取得原価との差額を評価損益として計上。

解答欄（自己作成欄）

問題理解と解答作成ポイント

①　売買目的有価証券の期末評価の処理方法をつかむこと（関連事項1「有価証券の評価」の項参照）。

②　評価差額の処理計上方法をつかむこと（関連事項2「時価法による評価差額」の項参照）。

★関連事項

1　有価証券の評価

金融商品会計基準によれば、有価証券はその保有目的別に区分し、それぞれの区分ごとに次のように評価基準が定められている。

(1)　売買目的有価証券

時価の変動により利益を得ることを目的として保有する有価証券であり、トレーディング目的のものをいう。金融機関の特定取引勘定に属する有価証券などをいい、一般事業会社ではほとんどない。評価は時価法により処理され、評価差額は当期の純損益として処理される。

(2)　満期保有目的の債券

満期まで所有する意図をもって保有する社債その他の債券をいう。原価法により評価する。債券の取得価額と額面価額とに差額がある場合は、償却原価法（取得差額を利息期間に応じて期間配分する方法をいう）を適用する。

(3)　子会社株式および関連会社株式

原価法により評価する。

(4)　その他有価証券

売買目的有価証券、満期保有目的の債券、子会社株式および関連会社株式以外の有価証券をいう。評価は、一般原則によれば、時価法によって評価し、評価差額は洗替方式により次のいずれかの方法で処理する。①、②の場合とも、時価が著しく下落し、回復の見込みがない場合は、減損処理

財務諸表

しなければならない。

①　全部純資産直入法…評価差額の合計額を純資産の部に計上する方法

②　部分純資産直入法…評価差益相当額は純資産の部に計上し、評価差損相当額は当期の損失として処理する方法

（注）純資産の部に計上する評価差額については、税効果会計を適用する。

　時価のない債券は、原価法（または償却原価法）によって評価する。時価のある債券は、償却原価法適用後、時価評価して評価差額を計上する。

　時価のない株式は、原価法によって評価する。実質価額が著しく低下した場合は相当な減額を行い、評価差額は当期の純損失としなければならない。

2　時価法による評価差額

　時価法を適用した場合、売買目的有価証券では変動が発生した期の評価差額は損益として認識され、損益計算書に計上される。また、その他有価証券で時価評価した場合は、その評価差額は全部純資産直入法では評価差額全額が純資産の部に計上される（部分純資産直入法では評価差益部分が純資産の部、評価損部分が損益として計上される）。

　このような金銭債権等について時価主義により時価を付した場合において、その時価の総額が取得価額の総額を超えるときは、貸借対照表上に未実現の損益が計上されることになるが、このような不確実な利益を配当として金銭の分配をすることを認めるときは、会社の財産的基礎を危うくし、会社債権者等を害するおそれがあることから、配当可能利益の計算上は、貸借対照表の純資産額から、時価を付したことにより増加した貸借対照表の純資産額を控除すべきこととされている。

3　日本基準とIFRS

⑴　金融商品（IAS39）

　米国基準は財務構成要素アプローチにより資産の流動化を進めたが、結

果的にはエンロンの粉飾に利用された。日本基準も米国基準にならい財務構成要素アプローチにより金融商品の会計を行っている。この点はIFRSと異なる。

	IFRS	日本基準
オフバランスの判断基準	リスク経済価値アプローチ	財務構成要素アプローチ
金融資産の区分	4分類→2分類 金融危機の影響で見直しが行われ、2013年1月からはIFRS9の適用となり、2区分となる	4分類
公正価値評価	一定の要件を満たせば毎期公正価値での評価（評価差額は損益）ができる	規定なし
有価証券の評価	4分類→2分類 金融危機の影響で見直しが行われ、2013年1月からはIFRS9の適用となり、2区分となる	4分類
債権の評価	償却原価	償却原価または取得原価

(2)　金融負債（IAS 39）

	IFRS	日本基準
金融負債の評価	償却原価	当初の原価または額面

(3)　デリバティブ（IAS 39）

　組込デリバティブについて、リスク経済価値が主契約と異なるものは、単独のデリバティブとして時価評価し、時価変動を損益に計上する。

財　務　諸　表

	ＩＦＲＳ	日本基準
組込デリバティブ	組込デリバティブの経済的特徴とリスクが主契約と異なる場合には区分処理	組込デリバティブのリスクが主契約に及ぶ場合には区分処理

⑷ ヘッジ会計（ＩＡＳ39）

　ＩＦＲＳでは厳密なヘッジ会計が適用されており、日本の特例処理のような簡便的な処理は認められていない。実務上の負担が考えられる。

	ＩＦＲＳ	日本基準
ヘッジ手法	・公正価値ヘッジ ・キャッシュ・フローヘッジ	・繰延ヘッジ ・時価ヘッジ ・為替予約の振当処理や特例処理が可能

⑸ 金融商品の開示（ＩＡＳ32、ＩＦＲＳ7）

　株式交付費の処理の相違を除けば、ＩＦＲＳと日本基準に大きな相違点は見られない。

	ＩＦＲＳ	日本基準
株式交付費	資本から直接控除	・支出時費用処理 ・繰延資産
転換社債	社債と転換権を区分して負債と資本に計上	・一括して負債 ・社債と転換権を区分して負債と純資産に計上
金融資産と金融負債の相殺	法的相殺権の存在と純額決済（同時決済）の意図を条件に可能	・法的相殺権の存在と純額決済（同時決済）の意図を条件に可能 ・マスターネッティング契約を有する場合は可能

【基本問題解答例】

1　当期末の会計処理

借　方	金　額	貸　方	金　額
有価証券	20,000	有価証券評価益	20,000

　　時価法であるため評価差額20,000円（時価計260,000円−原価計240,000
円）を、有価証券評価益として計上。

2　翌期首の会計処理

借　方	金　額	貸　方	金　額
有価証券評価益戻入	20,000	有価証券	20,000

翌期首に評価益を戻し入れる。

3　翌期末の会計処理

借　方	金　額	貸　方	金　額
有価証券	10,000	有価証券評価益	10,000

評価差額

　　　A株式　30,000円−90,000円＝　△60,000円

　　　B株式　220,000円−150,000円＝　70,000円

　　　　　　　　　　　　　　差引評価益　10,000円

（注）評価差額の処理が洗替方式でなく、切放方式の場合は、基本問題解
　　答例の1の仕訳は、洗替方式と同じである。また翌期首のその仕訳は
　　ない。

財務諸表

応用問題

当社は下記銘柄の上場株式を「その他有価証券」として保有している。その取得原価および各期における時価は、次のとおりである。当期より時価法を適用するものとする。

当期末、翌期首および翌期末の会計処理を仕訳のかたちで示し、あわせてその計算過程を示しなさい。会計処理法は「全部純資産直入法」によること。なお、税効果会計を適用すること。

(単位：円)

銘　柄	当期末		翌期末
	取得原価	期末時価	期末時価
C株式	210,000	260,000	310,000
D株式	170,000	150,000	―
合　計	380,000	410,000	310,000

（注1） D株式は、翌期に100,000円で売却している。
（注2） 本問の税効果会計適用上の実効税率は、30％とする。

基本問題との相違点

「その他有価証券」の評価差額は、その全部または一部が損益としてでなく、貸借対照表の純資産の部に評価差額金として計上されることになる。この結果、純資産の部に評価差額金が計上されるものについては、税効果会計が適用される点が、本問の基本問題との相違点である。

【応用問題解答例】

1　当期末

借　方	金　額	貸　方	金　額
投資有価証券	30,000	その他有価証券評価差額金	21,000
繰延税金資産	6,000	繰延税金負債	15,000

・C、D株式の処理

税効果額控除前評価差額

C株式　260,000円－210,000円＝　50,000円

D株式　150,000円－170,000円＝△20,000円

∴30,000円

税効果額

C株式　　50,000円×30％＝　15,000円

D株式　△20,000円×30％＝△ 6,000円

　評価差額のうち、評価益相当額には繰延税金負債が、評価損相当額には繰延税金資産が貸借対照表に計上される。

税効果額控除後評価差額

C株式　　50,000円－　15,000円＝　35,000円

D株式　△20,000円－△ 6,000円＝△14,000円

∴21,000円

　繰延税金資産については、その回収可能性を検討する。

2　翌期首

借　方	金　額	貸　方	金　額
その他有価証券評価差額金	21,000	投資有価証券	30,000
繰延税金負債	15,000	繰延税金資産	6,000

財務諸表

3　翌期にD株式を売却したとき

借　　方	金　額	貸　　方	金　額
現金預金 投資有価証券売却損	100,000 70,000	投資有価証券	170,000

D株式の譲渡原価は、本来の取得原価である170,000円である。

4　翌期末

借　　方	金　額	貸　　方	金　額
投資有価証券	100,000	その他有価証券評価差額金 繰延税金負債	70,000 30,000

税効果額控除前評価差額

　　C株式　310,000円－210,000円＝100,000円

税効果額

　　C株式　100,000円×30％＝30,000円（繰延税金負債）

税効果額控除後評価差額

　　C株式　100,000円－30,000円＝70,000円

(貸方純資産の部の評価差額金)

～ *follow up* ～

応用問題を下記ケースで行った場合の解答は、次のようになる。

〈全部純資産直入法〉

税効果会計適用なしのケース

1　当期末

借　　方	金　額	貸　　方	金　額
投資有価証券	30,000	その他有価証券評価差額金	30,000

　C、D株式の評価差額

　　C株式　260,000円－210,000円＝　50,000円

　　D株式　150,000円－170,000円＝△20,000円

　　　　　　　　　　　　　　　　　　30,000円

(貸方純資産の部の評価差額金)

2　翌期首

借　方	金　額	貸　方	金　額
その他有価証券評価差額金	30,000	投資有価証券	30,000

翌期首に評価差額金を戻し入れる。

3　翌期にD株式を売却したとき

借　方	金　額	貸　方	金　額
現金預金	100,000	投資有価証券	170,000
投資有価証券売却損	70,000		

　D株式の譲渡原価は、本来の取得原価である170,000円である。

4　翌期末

借　方	金　額	貸　方	金　額
投資有価証券	100,000	その他有価証券評価差額金	100,000

　　C株式の評価差額

　　　310,000円－210,000円＝100,000円

　　　　　　　　　　　　（貸方純資産の部の評価差額金）

〈部分純資産直入法〉

税効果会計適用ありのケース

1　当期末

借　方	金　額	貸　方	金　額
投資有価証券評価損	20,000	投資有価証券	20,000
投資有価証券	50,000	その他有価証券評価差額金	35,000
		繰延税金負債	15,000

　　D株式の評価差額

　　　150,000円－170,000円＝△20,000円（評価損）

　D株式評価差損20,000円は、税務上損金不算入（申告加算）であり、税効果会計では、「将来減算一時差異」となる。

　　C株式の処理

　　　税効果額控除前評価差額

　　　　C株式　260,000円－210,000円＝50,000円

　　　税効果額

　　　　C株式　50,000円×30％＝15,000円（繰延税金負債）

税効果額控除後評価差額

　　C株式　50,000円－15,000円＝35,000円

　　　　　　　　　（貸方純資産の部の評価差額金）

2　翌期首

借　　方	金　　額	貸　　方	金　　額
投資有価証券	20,000	有価証券評価損戻入	20,000
その他有価証券評価差額金	35,000	投資有価証券	50,000
繰延税金負債	15,000		

　翌期首において、D株式の評価損およびC株式の評価差額金ならびに繰延税金負債を戻し入れる。

3　翌期にD株式を売却したとき

借　　方	金　　額	貸　　方	金　　額
現金預金	100,000	投資有価証券	170,000
投資有価証券売却損	70,000		

　D株式の譲渡原価は、本来の取得原価の170,000円である。

4　翌期末

借　　方	金　　額	貸　　方	金　　額
投資有価証券	100,000	その他有価証券評価差額金	70,000
		繰延税金負債	30,000

税効果額控除前評価差額

　　C株式　310,000円－210,000円＝100,000円

税効果額

　　C株式　100,000円×30%＝30,000円

税効果額控除後評価差額

　　C株式　100,000円－30,000円＝70,000円

〈補足〉外貨建取引について

　日本の「外貨建取引等会計処理基準」では、外貨建取引の換算基準については、「2取引基準」を採用している。この「2取引基準」とは、要するに取引の発生時点と決済時でそれぞれ外貨換算を行い、そこで生じる換算差額を為替差損益で処理する。

　したがって、決算時の換算は原則として外貨建金銭債権や外貨建金銭債務について期末時の為替相場で換算することとなる。取得時の為替相場を適用するものは、子会社株式・関連会社株式のような限定された項目になる。

　これに対し、為替予約等がある場合の処理は最初から決済レートが決まっている点を考慮して金融商品会計基準のヘッジ会計を適用するが、実務処理に配慮して振当処理もできる。

〈外貨建て金銭債権債務の貸借対照表における円換算額〉
2014年10月（129回）・問1より

　A社の平成×5年12月期決算の貸借対照表を検討したところ、次のような外貨建の資産・負債があることが判明しました。これらの貸借対照表上の円換算額を算出してください。また、なぜそのように換算するのか、理由を簡潔に説明してください。なお、決算日の為替レートは、1米ドル＝105円とします。

(1)　現金預金勘定の中には、外貨建の普通預金1,500米ドル、投資その他の資産の中には、外貨建の定期預金7,000米ドル（満期日：平成×7年9月30日）が含まれている。なお、預入時の為替レートは、普通預金が1米ドル＝99円、定期預金が1米ドル＝101円であった。

(2)　売掛金勘定の中には、外貨建債権45,000米ドルが含まれている。取引発生時の為替レートは1米ドル＝102円であった。なお、この取引については、取引発生時に1米ドル＝100円で全額個別の為替予約を行っている。

(3)　投資その他の資産の中には、米国関連会社の株式100,000米ドルが含まれている。なお、取得は1回のみで、その時の為替レートは1米ドル＝88円であった。

(4)　未払金勘定の中には、平成×6年1月31日に決済予定の外貨建債務5,000米ドルが含まれている。なお、取引発生時の為替レートは1米ドル＝104円であった。

財務諸表

〈解答例〉

(1)

普通預金：1,500米ドル×105円＝157,500円

(答)157,500円

定期預金：7,000米ドル×105円＝735,000円

(答)735,000円

理由：外貨建預金は、満期までの期間に関係なくすべて決算時の為替相場による円換算額を付す。したがって、決算日の翌日から起算して１年を超えて満期が到来する預金であっても、決算時の為替相場により円換算した額を付す。これは、時価評価の対象とならないものであっても、円貨額では為替相場の変動リスクを負っているからである。

(2)

売掛金：45,000米ドル×100円＝4,500,000円

(答)4,500,000円

理由：金銭債権のうち、売掛金のような物品の販売または役務の提供に係るものについて、取引発生時に全額個別の為替予約が付されており、ヘッジ会計の要件を満たしているので、外貨建売掛金は予約レートによる円換算額となる。為替予約を付すことにより、将来の為替レートの変動リスクを回避することができる。

(3)

関連会社株式：100,000米ドル×88円＝8,800,000円

(答)8,800,000円

理由：外貨建関連会社株式の決算時の円貨額は、外貨による取得原価を取得時の為替相場により換算して算定する。関連会社株式は時価の変動により利益を得ることを目的としていないため、為替レートの変動リスクを考慮する必要がないからである。

(4)

未払金：5,000米ドル×105円＝525,000円

(答)525,000円

理由：外貨建金銭債務の決算時の円貨額は、取引時の外貨額を決算時の為替相場により換算して算定する。未払金は

　金銭債務であるため、決算時の為替相場により換算して算定する。

〈**解　説**〉

　本問は、外貨建取引に係る決算時の換算に関する問題である。

項　　目	性　　格	期末の適用レート
普通預金	外貨そのもの （貨幣性資産）	決算時の為替相場
（長期）定期預金	外貨そのもの （貨幣性資産）	決算時の為替相場
売掛金	外貨建金銭債権 （貨幣性資産）	決算時の為替相場
売買目的有価証券	外貨に近い貨幣性資産	決算時の為替相場
満期保有目的有価証券	外貨に近い貨幣性資産	決算時の為替相場（注）
子会社・関連会社株式	非貨幣性資産	取得時の為替相場（注）
未払金	外貨建金銭債務 （貨幣性負債）	決算時の為替相場

（注）時価の著しい下落がある場合には、外貨建の実質価額（時価）に決算時の為替相場により換算した額による。

　考え方としては、外貨の性格を有するもの、金銭資産などの貨幣性資産は、期末では原則として決算時の為替相場で換算することとなる。これに対し、非貨幣性資産は当面資金化される可能性もないことから、取得時点の為替相場で換算することとなる。

　なお、為替予約が付されている貨幣性資産については、円換算のレートが確定しているので、当該予約レートによる円換算額を期末の評価額にします。

　理由の説明については、外貨建取引等会計処理基準に従った換算方法であることを述べれば良いのであるが、換算の効果まで記載できれば合格点である。

財
務
諸
表

棚卸資産の評価

出題【22年6月・問2／21年6月・問5】

　L株式会社の期末棚卸資産の在高は、次のとおりである。この棚卸資産の評価に関して、下記の設問に答えなさい。

	（数　量）	（取得単価）	（正味売却価額（単価））
A 商 品	200個	110円／個	90円／個
B 商 品	100個	60円／個	70円／個

(1) 原価法による評価額を計算過程を示して算出しなさい（原価法は新制度により計算することとします）。

(2) 上記の場合における重要な会計方針の注記について述べなさい。

☞本問のポイント

① 原価法は、単価を取得単価と正味売却価額で計算したうえで低い方の価額で算出する。差額は当期の費用とする。

② 評価方法については、注記表の重要な会計方針に注記する。

解答欄（自己作成欄）

問題理解と解答作成ポイント

①　原価法は取得原価と正味売却価額でそれぞれ計算したうえで低い方
の価額で評価するものであるが、これを具体例で計算するのが設問(1)
である。

　　原価法の計算では、原価と時価の比較は個々の商品ごとに行ってそ
の低い方で評価したものの合計額で行う。

②　会計方針として、資産の評価基準および評価方法を注記表に記載す
ることが求められている。よって、原価法を採用した旨を注記にて明
示する。その際に収益性の低下による簿価引下げの方法とする。

③　期末時点で正味売却価額が低下した場合、原価法でも損失が計上さ
れるので、資産の評価方法としては、損失を早く計上して資産価額を
低めにおさえるという保守主義の考え方に通じるものである。

★**関連事項**─────────────────────

1　棚卸資産の評価

　棚卸資産は流動資産であるから、会社法では、取得価額または製作価額
を付することが原則とされている。これが従来の原価法であり、棚卸資産
の評価方法の基本となっている。

　しかし、「棚卸資産の評価に関する会計基準」が適用される平成20年4
月1日以降から開始する事業年度からは、正味売却価額が取得原価よりも
低いときは、その棚卸資産は正味売却価額により評価されている。

　以上により、会社法上の棚卸資産の評価方法は、トレーディング目的で
保有するものを除けば、通常は原価法によることになる。

2　取得原価の単価の計算方法

　棚卸資産の期末在庫高の評価は、「数量×単価」によって計算される。
このうちの数量は、実地棚卸法によって実際数量をつかむことになる。

財務諸表

一方、取得単価の計算については、いくつかの計算方法がある。期中に仕入れる同種の物品については仕入のつど、その買入単価が異なるので、在庫品と出庫品のそれぞれの単価のつけ方が問題となる。

この単価の計算方法の主要なものをあげると、以下のとおりである。

① 個別法……棚卸資産を取得したとき、それぞれの品物ごとに取得価額を記録しておき、払い出したときは、その品物の取得価額を原価とし、期末残高は残った品物の原価を集計して計算する方法である。事務が煩雑なため、特定業種を除いて適用例は少ない。

② 総平均法……前期繰越高と仕入高の合計金額を、繰越数量と仕入数量の合計数量で除して平均単価を求め、これを単価とするものである。

③ 移動平均法……取得のつど、その数量および金額を直前の残高数量および残高金額に加えて、平均単価を計算し、その後の払い出しはこの単価で行う方法である。

④ 先入先出法（FIFO）……買い入れた順序で払い出されると仮定し、取得日の早いものから順次払い出されたものとして単価を計算する方法であり、買入順法ともいう。

3 棚卸資産の会計処理

「棚卸資産の評価に関する会計基準」（以下この項で会計基準という）では原価法においても収益性が低下している場合には帳簿価額の引下げを実施するとされ、またトレーディング目的で保有する棚卸資産は市場価額にもとづく評価が行われる。

	棚卸資産の評価に関する会計基準
原則的評価	原価法（収益性の低下による簿価引下げの方法）
著しく時価が下落した場合	規定なし（従来と同様）
基本的な思想	取得原価基準のもとで回収可能性を反映させる。 将来に損失を繰延させないことが利害関係者に有用な情報を提供するという考え方に立っている。
品質低下、陳腐化の場合の評価損	収益性の低下の観点から相違はないと考える。
トレーディング目的で保有する棚卸資産	時価評価して差額は当期の損益とされる。

財務諸表

4　日本基準とIFRS

棚卸資産（IAS2）の評価については、IFRSと比べると日本基準は選択の幅が大きい。

	IFRS	日本基準
時価	・正味実現可能価額	・正味実現可能価額 ・再調達価額
原価の切下げ方法	・洗い替え法	・洗い替え法 ・切り放し法
事務用消耗品の扱い	含まない	含む

【基本問題解答例】

(1)　　取　得　原　価　　Ａ　商　品　110×200＝22,000円

　　　　　　　　　　　　　Ｂ　商　品　60×100＝　6,000円

　　　　正味売却価額　　Ａ　商　品　90×200＝18,000円

　　　　　　　　　　　　　Ｂ　商　品　70×100＝　7,000円

　　　　よってＡ商品18,000円、Ｂ商品6,000円となる。

(2)　（個別）注記表

　　　重要な資産の評価基準および評価方法

　　　棚卸資産……評価基準は原価法

　　　　　　　　（収益性の低下による簿価切下げの方法）

財務諸表

応用問題

　A商品の期中の受払記録は、下記のとおりである。次に示す各方法によって期末の貸借対照表価額を算出しなさい。解答にあたっては、それぞれの計算過程を明示しなさい。

(1)　総平均法

(2)　移動平均法

(3)　先入先出法

(4)　（そのつど）後入先出法

(5)　最終仕入原価法

	取得単価	数　量		
		増加	減少	残高
前期繰越	150円			20
仕　入	165円	20		40
売　上			30	10
仕　入	180円	10		20

☞基本問題との相違点

　それぞれの計算方法により仕入単価を算出し、これに期末数量を乗じて評価額を算出する。

　（そのつど）後入先出法は国際基準との調和の観点から制度上は廃止されたが、考え方は理解しておくとよい。過去において採用していた企業についても平成22年4月1日以後開始する事業年度からは他の方法に変更となった。

　後入先出法という考え方は期間損益計算を行う際に最も新しく仕入れた商品から売上原価を計算するという考え方で計算するもので、損益計算にインフレーションやデフレーションの影響を入れないために考えられた。損益計算は適正化するが、財産計算としてみると貸借対照表の金額が時価とズレる（古い金額が残る）ため、とくにIFRSは財産計算を重視するのでこれを禁じる方向になっていったのである。

【応用問題解答例】

(1)　総平均法

$\{(150 \times 20) + (165 \times 20) + (180 \times 10)\} \div (20 + 20 + 10) \times 20 = \underline{3,240円}$

(2)　移動平均法

$(150 \times 20) + (165 \times 20) - \{(150 \times 20) + (165 \times 20)\} \div 40 \times 30 + (180 \times 10)$

$= \underline{3,375円}$

(3)　先入先出法

$(165 \times 10) + (180 \times 10) = \underline{3,450円}$

(4)　そのつど後入先出法（制度上は廃止）

$(150 \times 20) + (165 \times 20) - \{(150 \times 10) + (165 \times 20)\} + (180 \times 10)$

$= \underline{3,300円}$

(5)　最終仕入原価法（一種の簡便法）

$180 \times 20 = \underline{3,600円}$

　最終仕入原価法が最も時価に近い値になるが、時価法の簡便法という扱いであり論理的でない。

　後入先出法は期末棚卸資産の帳簿価額が結果的に時価とかけ離れてしまうため、含み損益が溜りやすいという財産計算上の問題がある。したがってＩＦＲＳ、日本基準ともに制度上は廃止されている方法であるが、ここでは理解のためにあえて取り上げた。

固定資産の評価

出題【22年10月・問5／21年10月・問3、問4／21年6月・問5】

基本問題

　減価償却の目的および内部金融効果を簡単に述べ、次の場合の当期
において取得した機械の償却額はいくらになるか、(旧)定率法と
(旧)定額法によるそれぞれの場合を計算過程を示して算出しなさい。

　N社　第○期（令和○年1月1日〜令和○年12月31日）

(1) 取 得 日　令和○年1月10日　　機械購入金額　35,000千円

(2) 耐用年数　6年

(3) 残存価額　取得価額の10%（償却は残存価額の10%までとする）

(4) (旧)定率法の償却率　0.319

☞ 本問のポイント

① 　減価償却は、有形固定資産の取得原価を計画的、規則的に費用配分す
ることを目的として行われる。

②〈定率法〉取得原価×償却率の算式が基本となる。

　〈定額法〉取得原価×（1−0.1）÷耐用年数の算式が基本となる。

③ 　法人税法では1円まで償却可能となっているが、本問では残存価額を
取得原価の10%としている。

1　減価償却制度の税制改正について（平成19年度、23年度）

　平成19年度税制改正により、企業の設備投資を促進して国際競争力を高
めるという観点から、減価償却制度が抜本的に見直されている。さらに、
平成23年度改正で200%償却に改められた。

　また、会計での取扱いについては、日本公認会計士協会より「減価償却

に関する当面の監査上の取扱い」が公表されており、特段の不合理な事情がなければ、改正法人税法の減価償却費の方式が正規の減価償却として認めるとされている（また、中小企業会計指針でも改正税法の減価償却計算が認められる取扱いになると解釈されている）。

　この税制改正により、定額法、定率法、生産高比例法については、当分の間、新旧それぞれ2つの方式が並存する。

2　計算の概要

⑴　平成19年4月1日以後に取得された減価償却資産

　従前の償却可能限度額（取得価額の95%）および残存価額が廃止され、残存簿価1円まで償却できる。

⑵　平成19年3月31日以前に取得された減価償却資産

　償却可能限度額（取得価額の95%）に到達している減価償却資産については、翌事業年度以後で、残存簿価1円まで均等償却できる。

3　法定耐用年数の見直し（平成19年度、20年度）

　技術革新のスピードが早く、使用年数の短い減価償却資産（機械および装置）について法定耐用年数の改正が行われた。なお、法定耐用年数については、平成19年の改正に加えて平成20年度でも改正が行われた。

4　資本的支出

　平成19年4月1日以降に資本的支出が行われた場合、資本的支出は既存の減価償却資産と種類および耐用年数を同じくする減価償却資産を別個に新規取得したものとして減価償却を行う。つまり資本的支出も税務上の取扱いは新規取得と扱われる。

5　その他の主な税制改正事項

⑴　美術品等の税務上の取扱いの変更

　これまで美術品等は、法人税での取扱いは価値の減少がないものとして非償却資産であったが、取得価額が100万円未満等の一定の美術品等を償却可能にすることになった。

　新規取得の美術品等だけでなく、平成27年1月1日よりも前に取得した既存の美術品等についても、平成27年1月1日以後最初に開始する事業年度から適用できると改正されている。

(2)　建物附属設備等の償却方法の見直し

　建物附属設備及び構築物の減価償却方法について定率法が廃止され、定額法のみとなった。平成28年4月1日以後の取得等について適用されている。

解答欄（自己作成欄）

財務諸表

問題理解と解答作成ポイント

　減価償却の目的は、適正な期間損益計算を行うために、有形固定資産の取得原価を耐用年数にわたり各期に計画的、規則的に配分することである。このことを、簡単に述べてもらえばよい。

　償却費の計算については、次のことに留意してほしい。

① 　(旧)定額法においては、残存価額を必ず差し引いて計算すること。

② 　(旧)定率法の償却率0.319は、すでに残存価額（取得原価の10%）を考慮して算出されているのであるから、10%を差し引く必要はない。定率法の計算についても平成19年税制改正で抜本的見直しがされている。

③ 　期の途中で購入のとき、または売却のときのように、償却対応期間が１年に満たないときは月割で償却額を計算する。この場合、１ヵ月未満の日数についてはすべて１ヵ月として切り上げて計算する。したがって、設問のように１月10日購入の場合でも、あるいは１月31日購入の場合でも、それらの償却期間の計算はすべて１月からはじまり、本問では12/12となる。

★関連事項─────────────────

1　減価償却費の計算要素

減価償却費の計算には、次の３つの計算要素が必要である。

① 　取得価額（取得原価）……資産の取得に要した価額をいう。

② 　残存価額……資産が使用に耐えなくなり廃棄するときの価額をいう。

③ 　耐用年数……資産を取得してから使用できなくなり廃棄処分するまでの使用期間をいう。

平成19年改正前の税法では、残存価額を取得価額の10%として５%になるまで償却できることとしていた。しかし、平成19年の税制改正により、

税法ベースの残存価額について、95％まで償却した場合には、残り５％も償却することが認められた。ただし、この場合でも備忘価額として１円以上は残す必要がある。また、資産の種類別に耐用年数を定められており、実務ではリース会社や学校法人などを除くと、一般的には税法の規定に従うことが多い。

2　減価償却費の計算方法

減価償却費の計算方法には、各種のものがあるが、実際に広く用いられているのは、新旧の定額法と定率法である。なお、平成10年４月以降取得の建物は、新旧の定額法に限られる。それぞれ次の算式により計算される。

減価償却費の計算（税法ベース）（法人税法施行令第58条 耐用年数省令）

平成19年４月１日以後取得分	平成19年３月31日以前取得分
1　定額法による場合 ｛(取得価額)×耐用年数に応ずる定額法の償却率｝ ×（事業の用に供した当期の月数(注)）／12	1　旧定額法による場合 ｛(取得価額−残存価額)×耐用年数に応ずる定額法の償却率｝ ×（事業の用に供した当期の月数(注)）／12
2　定率法による場合 ｛（取得価額−前期までの償却累計額）×償却率 （耐用年数省令に定める定率法の償却率）｝ ×（事業の用に供した当期の月数(注)）／その事業年度の月数 ※　上部算式で計算した減価償却費が［取得価額×保証率］を下回るときは、その事業年度から改訂償却率で償却をします。	2　旧定率法による場合 ｛（取得価額−前期までの償却累計額）×償却率 （耐用年数省令に定める定率法の償却率）｝ ×（事業の用に供した当期の月数(注)）／その事業年度の月数

(注)　当期の月数の１ヵ月未満の月数は切上げ。

定額法と定率法の計算について確認する。

(1)　定額法

定額法とは、減価償却資産の取得原価に償却費が毎年同一となるようにその資産の耐用年数に応じた償却率を乗じて計算した金額を各事業年度の

財務諸表

償却限度額として償却する方法である。

　旧定額法では、取得原価の10％を残存価額としていましたが、新しい定額法では1円となっている。

　A社で取得した建物の取得原価10,000,000円、耐用年数10年、償却率0.100である場合、これをもとに減価償却費を計算すると以下のようになる。

【定額法の計算例】

年数	計算式	耐用年数10年										合計
		1年目	2年目	3年目	4年目	5年目	6年目	7年目	8年目	9年目	10年目	
期首帳簿価額	a（2年目以降は前年のd）	10,000,000	9,000,000	8,000,000	7,000,000	6,000,000	5,000,000	4,000,000	3,000,000	2,000,000	1,000,000	
償却率	b	0.10	0.10	0.10	0.10	0.10	0.10	0.10	0.10	0.10	0.10	
償却限度額	c＝1年目のa×b	1,000,000	1,000,000	1,000,000	1,000,000	1,000,000	1,000,000	1,000,000	1,000,000	1,000,000	999,999	9,999,999
期末帳簿価額	d＝a－c	9,000,000	8,000,000	7,000,000	6,000,000	5,000,000	4,000,000	3,000,000	2,000,000	1,000,000	1	最終年度は残存価額1円を残します。

取得原価10,000,000円に償却率0.10を乗じて減価償却費（償却限度額）を計算します。原則として毎年の償却限度額は一定額で1,000,000円である。

（2）　定率法

　定率法とは、減価償却資産の取得原価に償却費が毎年逓減するようにその資産の耐用年数に応じた償却率を乗じて計算した金額を各事業年度の償却限度額として償却する方法である。

　ただし、その計算した金額が償却保証額に満たない場合には改定償却率を用いて計算する方法である。

　旧定率法では、償却保証率の考え方はなかった。

　ｂ社で取得原価10,000,000円、耐用年数10年、償却率0.200の機械装置を取得した場合、保証率0.06552、改定償却率0.250

　これをもとに減価償却費を計算すると以下のようになる。

【定率法の計算例】

年数	計算式	耐用年数10年										合計
		1年目	2年目	3年目	4年目	5年目	6年目	7年目	8年目	9年目	10年目	
期首帳簿価額	a（2年目以降は前年のi）	10,000,000	8,000,000	6,400,000	5,120,000	4,096,000	3,276,800	2,621,440	1,966,080	1,310,720	655,360	
償却率	b	0.200	0.200	0.200	0.200	0.200	0.200	0.200	0.200	0.200	0.200	
	c＝a×b	2,000,000	1,600,000	1,280,000	1,024,000	819,200	655,360	524,288	393,216	262,144	131,072	
償却保証率	d	0.06552	0.06552	0.06552	0.06552	0.06552	0.06552	0.06552	0.06552	0.06552	0.06552	
償却補償額	e＝1年目のa×c	655,200	655,200	655,200	655,200	655,200	655,200	655,200	655,200	655,200	655,200	
改定償却率	f							0.250	0.250	0.250	0.250	
改定取得価額×改定償却率	g＝a×f							655,360	655,360	655,360	655,360	
償却限度額	h	2,000,000	1,600,000	1,280,000	1,024,000	819,200	655,360	655,360	655,360	655,360	655,359	9,999,999
期末帳簿価額	i	8,000,000	6,400,000	5,120,000	4,096,000	3,276,800	2,621,440	1,966,080	1,310,720	655,360	1	最終年度は残存価額1円を残します。

毎年の減価償却費（償却限度額）は、その年度の期首帳簿価額に償却率0.200を乗じて計算されている。
7年目に定率法の償却額が償却補償額を下回る（cとeを比較する）ため、ここからは改定取得原価に改定償却率を乗じた数字で定額で償却します。

2つの方法を減価償却費の推移で比較すると以下のようになる。

実務では確定決算において減価償却費を費用処理しておかないと、法人税の規定により償却限度額はあっても減価償却費として損金経理（税務上の費用処理）ができない。

年数	1年目	2年目	3年目	4年目	5年目	6年目	7年目	8年目	9年目	10年目
定額法償却費	1,000,000	1,000,000	1,000,000	1,000,000	1,000,000	1,000,000	1,000,000	1,000,000	1,000,000	999,999
定率法償却費	2,000,000	1,600,000	1,280,000	1,024,000	819,200	655,360	655,360	655,360	655,360	655,359

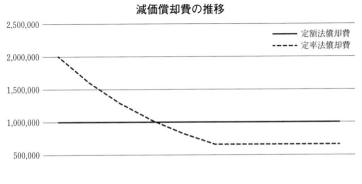

減価償却費の推移

財務諸表

　(3)　保険差益

　企業では、火災などの災害に備え、固定資産や棚卸資産には損害保険を掛けている。

　災害で保険金収入があった場合、被災したり滅失した固定資産の帳簿価額を超える部分が保険差益となる。

　この保険差益に法人税等が課税されると被災した資産が再取得できず、保険金収入の効果が失われる。

　この法人税等の課税を繰り延べるために圧縮記帳という制度がある。

　ただし、固定資産にのみ適用されるので、棚卸資産については、保険差益の圧縮記帳の制度は適用できない。

【圧縮限度額の計算】

　保険金等の額－滅失経費の額＝改定保険金の額

　改定保険金の額－被害資産の被害部分の帳簿価額＝保険差益の額

　圧縮限度額＝保険差益の額×代替資産の取得・改良に充てた金額／改定保険金の額

保険金収入（保険金等の額）		
滅失経費部分	改定保険金の額	
	被災資産の帳簿価額	保険差益の額

　　　　　　　　　　　　　　　　　　　　↑
　　　　　　　　このうち代替資産の取得に充てられた割合が圧縮限度額となる。
　　　　　　　　代替資産の取得がなければすべて法人税の課税の対象になる。

【圧縮限度額の計算例】

　倉庫用建物が火災に遭い、倉庫と中にあった商品が全焼した。

　倉庫用建物の帳簿価額は5,550,000円、商品の帳簿価額2,500,000円

　保険金収入16,000,000円（建物分10,000,000円、商品分6,000,000円）を受け取った。

建物を再建して、7,000,000円を支払った。

滅失経費として、750,000円を支払った。

ただし、棚卸資産に生じた被災については、保険差益の圧縮記帳の制度は適用できない。

したがって、この部分から差益が出ればすべて法人税等の課税の対象となる。

固定資産については、圧縮記帳の制度を使い、保険差益について課税の繰り延べを行う。

保険金等の額10,000,000円－滅失経費の額750,000円＝改定保険金の額9,250,000円

改定保険金の額9,250,000円－被害資産の被害部分の帳簿価額5,550,000円＝保険差益の額3,700,000円

保険差益の額3,700,000円×代替資産の取得・改良に充てた額7,000,000円／改定保険金の額9,250,000円＝2,800,000円

以上から、圧縮限度額は2,800,000円となる。

課税対象である固定資産の保険差益3,700,000円のうち2,800,000円については、今期の課税を繰り延べることができる。

3　無形固定資産の償却

無形固定資産については、借地権や電話加入権などのように償却を要しないものもあるが、これらを除いては有形固定資産と同じように、取得原価を有効期間にわたって費用配分するために償却を実施し、取得原価から償却額を差し引いた残額が貸借対照表に計上される。ただ、無形固定資産の償却は、有形固定資産の場合と比べると次の点が異なる。

① 　残存価額が0である。

② 　原則として、定額法により償却される。

③ 　貸借対照表の表示は、取得価額から償却累計額を差し引いた残額を計上するだけで、償却累計額の注記は必要としない（直接控除法）。

4　のれんの償却

　のれんは、企業が合併するとか、他社から事業譲渡を受けた場合に会計上発生する。会社法においても、借方の「のれん」は有償取得の場合に限り計上することができると定めている。すなわち、のれんは有償で譲り受け、または合併により取得した場合等に限定的に計上することができ、借方残高の「のれん」については20年以内の効果のおよぶ期間で規則的に償却（償却額は販売費及び一般管理費に計上する）し、減損の兆候があるときには、減損処理を検討する（減損損失の計上は特別損失とされる）。

　他方、貸方残高の「負ののれん」については当期の利益に計上することになっている。

　なお、ＩＦＲＳでは借方残高の「のれん」の償却は行わず、毎期検討したうえで資産性がないときには減損処理するという会計処理になっている。

5　有形固定資産の表示方法

　有形固定資産は（土地及び建設仮勘定を除く）、会社計算規則79条、80条により次のいずれかの方法により貸借対照表の固定資産の部に記載される。

① 　各資産の科目ごとに取得原価から減価償却累計額および／または減損損失累計額を控除する形式で記載する。

② 　減価償却累計額および／または減損損失累計額を控除した残額のみを記載し、減価償却累計額および／または減損損失累計額を注記する。

③ 　①の方式について、減価償却累計額および／または減損損失累計額の控除を2以上の科目について一括して記載する。

　上記のうち、原則的な方法としているのは、①の控除形式によるものであり、これを例示すると次のとおりである。

建　　　　物	××××	
減価償却累計額	×××	××××
機 械 お よ び 装 置	××××	
減価償却累計額	×××	××××

6　減価償却費の金融効果

　減価償却費は支出を伴わない費用である（支出は固定資産の購入時にすで
に行われている）ことから、会計上、減価償却費という費用を計上したと
きでも社外にキャッシュが流出せず、その意味で金融効果がある（内部金
融効果ともいう）。減損損失についても損失計上時のキャッシュアウトがな
く同様の効果がある。

7　日本基準とIFRS

(1)　有形固定資産（IAS16, 20, 23, 40)

　IFRSは公正価値という市場での評価を重視する考え方であるため、
固定資産の会計は、今のところ折衷法のような中途半端なルールである。

	IFRS	日本基準
測定基準	・取得原価（減価償却）ベース ・再評価ベース	・取得原価（減価償却）ベース
再評価	定期的に再評価を行い、評価差額を資本の部に計上	原則として再評価は行わない
借入費用の資産化	一定の条件を満たすものは資産計上が必要	不動産開発事業で一定の条件を満たすものは資産計上が可能
資産の解体・撤去費用等	取得時に見積り、取得原価に含めて規則的に償却	規定はない 資産除去債務について、2010年4月から適用

(2)　減価償却（IAS16)

　日本基準では、法人税法の規定で定められている減価償却の規定により
実務が行われている。

　IFRSでは、たとえば飛行機であれば機体とエンジンのように機能ご
とに固定資産の重要な構成部分に分けて、個々に定められた耐用年数によ
って減価償却を行う。したがって、税法基準とは異なり個別企業の判断に
よる使用期間の見込みが反映される。税法基準とは異なるため、会計と税

務とで別々の計算（2重計算）が必要になってくると考えられる。

	ＩＦＲＳ	日本基準
減価償却の単位	重要な構成部分ごとに計算する（コンポーネントアカウンティング）	構成部分に分けない
耐用年数	見積り耐用年数	税法基準
減価償却方法	将来の経済的便益が消費されるパターンを表わす方法を採用する	税法基準
減価償却方法の変更	見積もりの変更となる	会計方針の変更となる

⑶　無形資産（ＩＡＳ38)

　ＩＦＲＳは公正価値という市場での評価を重視する考え方であるため、固定資産の会計には弱点がある。今のところ折衷法のような中途半端なルールである。

	ＩＦＲＳ	日本基準
測定基準	・取得原価（減価償却）ベース	・取得原価（減価償却）ベース
再評価	流通市場があれば、再評価ベースの選択を認める。その場合、定期的に再評価を行い、評価差額を資本の部に計上	再評価は行わない
償却	最善の見積もりで規則的に償却耐用年数を確定できないものは償却をせずに減損テストを実施する	規則的に償却

⑷　投資不動産（ＩＡＳ40)

　投資不動産とは、賃貸料を得たり、価値の増加を目的に保有する土地などのことである。従来、日本基準では投資不動産については明確な基準がなかったが、時価の注記を行う方式に改正された。

	IFRS	日本基準
評価方法	・公正価値にて毎期測定。 ・取得原価で測定し公正価値を注記表示。	・取得原価で評価。 ・2010年3月期から賃貸用不動産について時価の注記が必要。

IFRSでは、以下のような公正価値モデルと原価モデルが規定されている。

【IFRSにおける有形固定資産と投資不動産の相違】

IFRSにおける有形固定資産と投資不動産について比較すると、以下のようになる。

	自社使用の有形固定資産	投資不動産
	再評価モデル	公正価値モデル
評価時点と頻度	期末時に帳簿価額と公正価値が大きく異なる場合には再評価する。	年度末に必ず公正価値で評価する。
評価差額の処理	評価益：その他包括利益 評価損：損失計上	損益計上
減価償却	実施する	実施しない
減損	実施する	実施しない

(5)　リース（IAS17、IFRIC4）

ファイナンス・リースについて、原則として資産計上するという点では共通しているが、IFRSでは、リスク経済価値アプローチにもとづき、リースの借手にリスク経済価値が移転した時点で借手がリース資産を計上する。これに対して、細則主義の日本基準は数値基準で判定しているという点には相違がある。

	IFRS	日本基準
ファイナンス・リース	リスク経済価値アプローチにより実質判定。	数値基準により判定される。

(6)　IFRSのリース契約への影響（リース会計）

財　務　諸　表

　リスク経済価値アプローチによるIFRS適用のもとでは、日本基準に比べてリース資産、リース負債の増加が考えられる。IFRS適用にあたり、リース資産および負債の増加をもたらす可能性が高いので、自社のリース契約について見直しが必要となる。

【基本問題解答例】

　減価償却は、適正な損益計算を行うため有形固定資産の取得原価を耐用年数にわたり計画的、規則的に各事業年度に費用配分する目的で行われるものである。

　この減価償却による費用配分によって、財務上はキャッシュアウトを伴わない費用が計上されるので、会社が利益を計上している限りその額だけ資金が内部留保されるという内部金融効果がある。

　N社の機械減価償却費の計算

①　(旧)定　率　法　　35,000×0.319＝11,165千円

②　(旧)定　額　法　　35,000×(1－0.1)÷6＝5,250千円

┌──────────── 応 用 問 題 ────────────┐

　　P社の出資しているQ社（非上場の株式会社）は、ここ数年業績不振で債務超過会社となっており、回復の見通しもたたないので、P社は決算にあたり、帳簿価額１億円（取得価額）のQ社株式の評価額を１株当たり１円の備忘価額とし、帳簿価額との差額を有価証券評価損として計上することとした。P社の当期純利益は、この評価損を考慮しないと76百万円であった。

　(1)　このような決算処理を行う根拠を簡単に説明しなさい。

　(2)　この有価証券評価損は、損益計算書のいずれの区分に計上すべきか、理由をあげて示しなさい。

└────────────────────────────────────┘

財 務 諸 表

☞ 基本問題との相違点

①　非上場株式であっても、資産状態が著しく悪化し、回復の見込みがない場合は、有価証券評価損として相当の減額を行う。

②　この有価証券評価損は、臨時かつ巨額であると判断されるものは、減損として、損益計算上で特別損失に計上する。ただし、近年ＩＦＲＳの影響を受けて特別損益項目に計上しない動きもある。

【応用問題解答例】

(1)　本問のＱ社株式は、取引所の相場のない株式であり、時価がないため、取得価額による評価が原則であり、低価法による評価は適用されない。しかし、金融商品に関する会計基準では、取引所の相場のない株式については、その発行会社の資産状態が著しく悪化したときは、相当の減額をすべきことを定めている。

　本問のＱ社株式のケースは、この相当の減額をすべきものに該当すると考えられる。

　Ｑ社株式の実質価値は、債務超過会社であるから０もしくはマイナスといえるが、備忘価額だけを帳簿に残して、取得原価のほぼ全額を評価損として計上するものである。

(2)　上記のような有価証券評価損は、株式の価値が著しく低下した結果の臨時的かつ巨額の評価損であるから、営業外費用または特別損失に計上する。

~ *follow up* ~

償却方法による計算結果の異同

　定額法と定率法とでは個々の年度の償却額が異なる。すなわち、定額法の償却額は毎期均等であるのに対し、定率法による償却額は初年度が多く、以後は年を追うごとに減少する傾向となる。しかし、耐用年数が満了した時点には、両者とも償却累計額はほぼ同額となり、簿価（取得価格−償却累計額）も同額となる。

　そして、定額法に比べて定率法は早い時期に償却額が多いので、早目により多くの償却ができるという特徴を持つといえる。このこともあり、定率法により償却する会社が多いのが現状である。

　なお、有形固定資産に限っていえば、法人税法では、建物、建物附属設備、構築物を除き、定率法が法定償却方法であり、所得税法では定額法が法定償却方法となっている（建物、建物附属設備、構築物以外は届出により方法の変更は可能）。

財
務
諸
表

応 用 問 題

　D社（年1回、3月末日決算）では、下記の〈リース契約の内容〉に示すリース契約を締結し、リース資産である機械装置を使用しています。当該リース契約は、所有権移転外ファイナンス・リース取引に該当します。「リース取引に関する会計基準」にもとづいて、次の設問に答えてください。なお、計算にあたっては、千円未満を切り捨てること。

(1)　令和X1年4月1日のリース取引開始日における仕訳を示しなさい。

(2)　令和X1年4月30日における第1回目のリース料支払いに関する仕訳を示しなさい。

(3)　令和X2年3月期における減価償却費はいくらになりますか。計算過程を示して答えなさい。

(4)　リース資産およびリース債務について、貸借対照表における表示方法を述べなさい。

〈リース契約の内容〉

1．リース料

①　リース料総額　30,000千円

②　月額　500千円（毎月末、現金預金にて支払い）

2．借手における見積現金購入価額は24,000千円であり、これはリース料総額の現在価値より低い価額である。

3．借手の追加借入利子率は年8％である。

4．解約不能のリース期間は5年である。

5．減価償却方法は定額法による。

6．利息相当額は利息法で計算し、その場合の利子率は年9.154％とする。

7．第1回目のリース料は支払利息が183千円と計算されるものとする。

【応用問題解答例】

(1)

(単位：千円)

借　方	金　額	貸　方	金　額
リース資産	24,000	リース債務	24,000

(2)

(単位：千円)

借　方	金　額	貸　方	金　額
リース債務	317	現金預金	500
支払利息	183		

(3)　24,000千円÷5＝4,800千円

(4)　リース資産については、原則として、有形固定資産、無形固定資産の別に、一括してリース資産として表示する。ただし、有形固定資産または無形固定資産に属する各科目に含めることもできる。

　　リース債務については、貸借対照表日（決算日）後1年以内に支払期限が到来するものは流動負債に属するものとし、貸借対照表日（決算日）後1年を超えて支払期限が到来するものは固定負債に属するものとする。

〈補足〉所有権移転外ファイナンス・リースの会計処理

　リース契約の問題ですが、所有権移転外ファイナンス・リースに該当する契約で資産計上を要するものは、

①　通常の固定資産の取得と同様に減価償却をする。

②　減価償却の方法は、リース期間定額法による。残存価額ゼロでリース期間にわたり定額での償却をする。

　よって、減価償却を行わなければならないので、見積現金購入価額の24,000千円をリース期間の5年で均等償却することとなる。

固定資産の減損会計

出題【23年6月・問4】

╭─── 基 本 問 題 ───╮

(1) 固定資産の減損会計について定義しなさい。

(2) 減損会計において、適用のプロセスを段階に分けて簡単に説明
しなさい。

☞ 本問のポイント

① 減損会計の定義の理解

② 減損会計の対象資産、兆候等の把握

解答欄（自己作成欄）

問題理解と解答作成ポイント

　固定資産の減損会計とは、固定資産の収益性の低下により投資額の回収が見込めない場合に、一定条件の下で回収の可能性を反映させるように帳簿価額を減額する会計である。対象資産は固定資産全般（他の基準で減損処理が規定されているものは、その基準による）、グルーピングはキャッシュ・フローを生み出す最小単位で行う。実務的には、企業の管理区分を尊重した方法となる。

日本基準の処理手続フロー（イメージ）

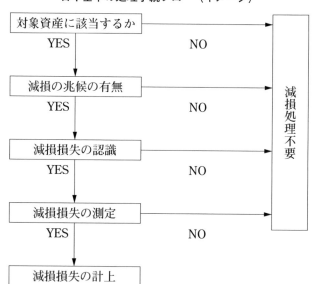

　たとえばM社の工場建物等について検討すると、次のようになる。

	金額（百万円）	摘　要
固定資産の帳簿価額	2,000	通常の減価償却を行ってきた場合の適正な帳簿価額
割引前将来キャッシュ・フロー総額（見積り）(注)	700	M社では、工場単位で継続的に収支を把握しており、キャッシュ・フローの把握が可能である。キャッシュ・フローは近年急激に悪化した。
減損損失の認識	—	キャッシュ・フローが大きく減少しており、減損の兆候有りのため減損会計を実施する。
回収可能額	660	実際の回収可能額を精査した結果、660百万円と算出することができた。使用価値は適切な数字が計算できなかった。
減損損失	△1,340	減損損失の認識と計上（特別損失に計上する）

（注）現在価値に割引計算する前のキャッシュ・フローで見積もる。

1　減損の兆候とその判断

　減損の兆候は、資産または資産グループごとに判断する。たとえば次の事象があるような場合には、減損の兆候があると考える。

　資産または資産グループについて、次の事実がないか検討していく。

① 営業活動から生ずる損益またはキャッシュ・フローが継続してマイナスになること（見込）

② 回収可能価額を著しく低下させる変化が生じたこと（見込）

③ 経営環境が著しく悪化したこと（見込）

④ 市場価格が著しく下落したこと

　これらはあくまでも例示にすぎず、これ以外の事象も総合的に考慮することとなる。また不良資産については、グルーピングすることなく減損の兆候があると認定される。

財務諸表

2　減損損失の認識

減損損失の認識は具体的には次のように行う。

たとえば0年度において、資産グループの帳簿価額＞資産グループの現在価値の場合には、減損損失を認識する。

資産グループの現在価値は次のようなイメージで計算される。

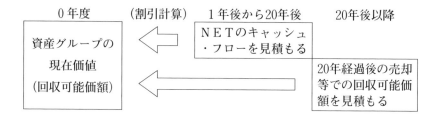

3　減損損失の測定

減損損失を認識する資産または資産グループについて、帳簿価額を回収可能価額まで減額し、減損損失として処理する。

4　減損処理後の会計処理について

⑴　減価償却

減損処理を実施した資産についても、会計上は減損処理後の帳簿価額にもとづき毎期、計画的、規則的に減価償却を実施する。

⑵　減損処理の戻入

日本基準では減損処理の戻入は行わない。

5　貸借対照表における表示

	内　　容
直接控除形式	取得原価から減損損失を直接控除し、控除後の金額をその後の取得原価とする。
独立間接控除形式	減価償却資産について、減損損失累計額を取得原価から間接控除する。
合算間接控除形式	減損損失累計額を減価償却累計額に合算して表示する。

6　損益計算書における表示

減損損失は原則として損益計算書の特別損失として表示する。

7　日本基準とIFRS

【資産の減損（ＩＡＳ36）】

	ＩＦＲＳ	日本基準
減損の認識をするケース	「回収可能額＜帳簿価額」となる場合	「見積将来キャッシュ・フロー＜帳簿価額」となる場合
減損損失の戻入処理の要否	戻入する。ただし、「のれん」は戻入できない。	戻入できない。
処分予定資産の会計処理	・「売却目的で保有する資産」に分類 ・公正価値で計上 ・減価償却は中止	規定はないが公正価値で計上される。

財務諸表

　減損の判定プロセスの関係上、ＩＦＲＳのほうが減損の認識のタイミングが日本基準よりも早くなる。また、ＩＦＲＳは戻入処理を原則としている。したがって、ＩＦＲＳ適用により減損の影響による損益のブレが大きくなる可能性がある。

★関連事項

1　将来キャッシュ・フローの見積りでの注意事項

　減損会計における将来キャッシュ・フローの見積りでの注意事項は、次のとおりである。

① 企業の固有の事情を反映した合理的で説明可能な仮定や予測にもとづいて見積もる必要がある。

② 固定資産の現在の使用状況や合理的な使用計画等を考慮する必要がある。

③ 見積期間は20年が上限となる。

④ キャッシュ・フローには利息の支払、法人税等の支払・還付を含め

ない。

⑤　割引率＝リスクフリーレートorリスクフリーレート＋見積値からの乖離リスクとして選定する。

2　減損会計の一般的留意事項

減損会計では、固定資産の含み損と含み益の両方がある会社でも、含み損のみに焦点があてられる。また、評価ベースとしてキャッシュ・フローが用いられるので、企業業績の悪い会社ほど評価が低くなる傾向がある。

認識の段階は、割引将来キャッシュ・フロー総額と帳簿価額の比較で判断する。

測定の段階では、帳簿価額と回収可能額（正味売却価額と使用価値の高い方）の差額を減損損失とする。

減損会計を適用し評価切下げを行った場合には、日本基準では評価の切下げのみで切上げ（戻入れ）の処理は行われない。これに対してIFRSでは戻入れ処理が認められている。

【基本問題解答例】

⑴　固定資産の減損会計とは、固定資産の収益性の低下により投資額の回収が見込めない場合に、一定条件の下で回収の可能性を反映させるように帳簿価額を減額する会計である。

⑵　減損会計における適用のプロセスは、次のとおりである。

①　対象資産の選定

固定資産のうち、「金融商品会計基準」「税効果会計に係る会計基準」の対象となるものを除いた資産が対象となる。

（ポイントはすべての固定資産が何らかの減損テストを受けるという制度になっていることである）

②　減損の兆候の有無の検討

資産または資産グループについて、回収可能性という観点に着目して

減損の兆候があるか否かを判定する。

（ポイントは回収可能性に着目することである）

③　減損損失の認識

資産または資産グループから得られる割引前将来キャッシュ・フローの総額が帳簿価額を下回る場合には減損損失を認識する。割引前将来キャッシュ・フローとは、回収可能性の観点から識別することである。

④　減損損失の測定

減損損失を認識すべきであると判定された資産または資産グループについて、帳簿価額を回収可能額まで減額する。

（要するに、回収不能とみられる部分は損失とするということである）

⑤　減損損失の計上

帳簿価額を回収可能額まで減額するとともに、当該減少額を減損損失として当期の損失とする。日本基準では原則として減損損失の戻入れは行われない。

財務諸表

損益計算書の分類・内容

基本問題

　　損益計算書における経常損益の計算の区分と特別損益の計算の区分
とを2段階に分けて開示する理由について説明しなさい。日本基準を
前提として解答してください。

☞本問のポイント

① 経常的な収益とイレギュラーな特別損益とを区分する。ただし、近年
　は特別損益を限定的にとらえている。

② 営業損益と営業に関係しない損益を営業外損益として区分して、経常
　的な損益をつかむことが必要である。

③ 結果的には企業の正常収益力をつかむことが区分損益計算の大きなね
　らいである。

解答欄（自己作成欄）

問題理解と解答作成ポイント

　企業業績の動きを決算数字からとらえる場合、日本では、最終の当期純利益や税引前利益でとらえるのではなく、「経常利益」の増減変化から企業の動向をとらえることが一般的である。したがって、企業の実質的な動向はこの経常損益の数字で判断することが多い。

　会社法の会計、金融商品取引法（旧証券取引法）の会計いずれの場合にも、損益計算書は、経常損益の計算で、まず第1段階の経常利益（または損失）が算出され、それに特別損益項目が加減されて、第2段階で当期純利益が算定されるようになっている。利害関係者が損益をみようとする場合、期間中の本業による営業成績と、そうでない損益とを分離して検討する必要があるので、損益計算書はこのように区分表示される。

　企業に関係する債権者、株主あるいは投資家も、それぞれの利害に応じて企業の経営成果を判断していかねばならない。損益計算書の区分表示は企業の経営成績を判断する上で重要な意味を持つ。

　特別利益には、前期損益修正益と臨時的かつ巨額な利益とが含まれる。特別損失は、前期損益修正損と臨時的かつ巨額な損失とによって構成されている。したがって、特別損益の計算区分では、当期の本業の成績とは直接に関係のない損益が表示されることになる。

★関連事項

1　損益計算書の内容

　損益計算書は、企業の経営成績を明らかにするため、一事業年度に属するすべての収益とこれに対応するすべての費用とを記載して経常利益を表示し、これに特別損益に属する項目を加減して当期純利益を表示する。

財務諸表

2　損益計算書の様式・区分

損益計算書の様式には報告式と勘定式とがある。いずれの様式でもよい。

会社計算規則によれば、損益計算書には次に掲げる項目に区分して表示しなければならないとされている。

一. 売上高

二. 売上原価

三. 販売費及び一般管理費

四. 営業外収益

五. 営業外費用

六. 特別利益

七. 特別損失

八. 法人税等

以上に関連して、(売上総利益)、営業利益、経常利益、税引前当期純利益、当期純利益を記載する。

3　販売費及び一般管理費

販売費及び一般管理費に属する費用を列挙すると、次のとおりである。

① 　販売費に該当するもの……販売手数料、荷造費、運搬費、広告宣伝費、見本品費、保管費、納入試験費、貸倒引当金繰入額、貸倒損失

② 　一般管理費に該当するもの……役員報酬、福利厚生費、一般管理部門関係の交際費、旅費、交通費、通信費、光熱費、消耗品費、租税公課、減価償却費、修繕費、保険料、不動産賃借料

上記のうち租税公課は、印紙税、登録免許税、固定資産税、自動車税、事業税の外形標準課税などを内容とするものであり、法人税、法人住民税および事業税は含まれない。なお、事業税については、「⑤負債の分類・内容」を参照のこと。

4　営業外損益

営業外損益には、経常損益の１区分として、経常的な収益・費用のうち

企業本来の営業活動以外の収益・費用が記載される。このような収益・費用としては、主として企業の財務活動、すなわち資金の調達、投資、運用、返済などから生じた収益・費用が記載されるが、そのほか本来の営業活動以外の行為による収益・費用で特別損益の部に属するものを除いたものが記載される。これらは、営業外収益と営業外費用とに区分して計上される。

5　特別損益

損益計算において、臨時的でかつ巨額の利益や損失が発生することがある。これらを営業損益や営業外損益に含めてしまうと、財務諸表を見る人の判断を誤らせるおそれがある。

そこで日本基準では、これら臨時巨額の損益は特別損益項目として別に示すことになる。ただし、近年ＩＦＲＳの影響により特別損益としない傾向にある。

特別損益項目の具体例としては、災害による被災損失、大規模なリストラや事業再編に伴う損益などがある。

6　法人税等・当期純利益

税引前当期純利益から法人税等の税金（所得を課税標準とするもののみ）を控除して当期純利益が計上される。

税引前当期純利益から控除される「法人税等」の税金は、その事業年度の利益に対して課される「法人税、住民税および事業税」である。ただし、事業税の外形標準課税については、所得を課税標準としないため、販売費及び一般管理費のなかの「租税公課」として計上する。

また、税効果会計を適用する会社等においては、「法人税等」の科目の次に税効果会計による「法人税等調整額」を計上し、当期純利益が計上される。

この税効果会計というのは、企業の計上した税引前当期純利益と課税所得に差異が生じるために「法人税等」の金額が税引前当期純利益と整合しなくなってしまうため、その差異を繰延税金資産（または負債）として貸

財務諸表

借対照表に計上するとともに、その額を「法人税等調整額」として計上利益に加減算し、計上される利益と税額を適切に対応させるための会計処理の方法である。

　以上をまとめると、企業が実際に納付した法人税、住民税および事業税（未払計上したものを含む）については、「法人税等」または「法人税、住民税および事業税」の科目を使用する。これに対して、税効果会計などで法人税等の税額を加減する場合には、「法人税等調整額」という科目を使う。

　このようにすることで、納付ベースの税額と計算上の調整額がそれぞれわかるようにしているのである。

【基本問題解答例】

　経常損益と特別損益とを区分する理由は、経常的な事業活動による損益とイレギュラーな損益とを明確に区分し、損益計算書を見る者の判断を誤らせないようにするためである。すなわち、当該事業年度にどれだけの営業収益と営業費用を計上し、また営業損益から営業外収益・費用を加減算して、当期の正常な営業活動からの成績を表わす経常利益（または損失）はどうであったかを明確にする一方、これとは別に、固定資産売却損益や災害損失など、当期の営業成績に直接関係のない利益や損失を、特別損益として示すことにより、利益の発生原因をはっきりさせようとするところにある。

　区分損益計算の目的は、それによって企業の経常的な収益力をつかむとともに、それから将来の収益力をも予測し展望しようということである。

製造原価報告書

【23年10月・問3】

基本問題

次の資料によって、製造原価報告書を作成しなさい。

（単位：百万円）

期首仕掛品棚卸高	386	期末仕掛品棚卸高	404
支払利息	213	保険料	5
期末材料棚卸高	1,079	電力費	27
減価償却費	40	運賃	59
福利厚生費	24	期首材料棚卸高	1,232
当期材料仕入高	2,728	給料手当	301
配当金	13		
租税公課	20		

☞ **本問のポイント**

① 製造原価に含まれる要素か販売費及び一般管理費かどうか判別する。

② 非原価項目は除く。

③ 材料費、人件費、経費に集計して、製造原価をまとめる。

解答欄（自己作成欄）

問題理解と解答作成ポイント

諸項目のうち、製造原価項目でないものは、次のとおりである。

「配当金　13」は損益項目でなく株主資本等変動計算書の項目である。

「支払利息　213」は営業外費用項目である。

期首・期末各棚卸高については、それぞれがどの項目の増減項目になるのかが留意点となる。

★関連事項

1　売上高

損益計算書の営業損益の部には、営業収益と営業費用が記載され、その差額が営業利益として計上される。そのうちの営業収益は、商品、製品などの販売や役務の提供によって実現するので、一般には売上高として計上される。

～ *follow up* ～

製品原価と期間原価

費用の収益に対応する形としては、直接的に対応するものと、期間的に対応するものとに分かれる。直接的な対応とは、売上高と売上原価との対応であり、期間的な対応とは売上高と販売費及び一般管理費との対応である。

このような費用と収益との対応関係にもとづいて、費用のうち原価性のあるもの（原価）は、製品原価と期間原価とに分けられる。製品原価とは、製品を生産するための原材料や賃金などのように、その発生とともに、製品・仕掛品などの棚卸資産の価額を構成する費用をいう。これに対して、期間原価とは、発生した会計期間の収益から控除される費用をいい、売上原価、販売費及び一般管理費などがこれに属する。

製品原価は、製造物が販売されるまでは資産として取り扱われ、販売によって売上原価に転換し、損益計算書上の費用となる。したがって、期末棚卸高に相当する額は、棚卸資産として資産に計上され、当期の費用とはならない。これに対し期間原価は、全額が発生期間の費用となる。

　売上高は、企業が利益を生み出すための最も根源的な計数であり、企業の経営成績を問題にする場合には、まず売上高がいくらかを話題にするほど、重要な項目となっている。

2　売上原価

　営業収益に対する営業費用は、売上原価と「販売費及び一般管理費」の2つに分けて記載される。この2つの項目は、それだけの記載では簡単すぎるので、それぞれの内訳として費用の性質を示す適当な名称による科目に細分して記載される。

　売上原価は、製造業・販売業の場合は、下記のように記載される。なお、製造業の場合には別途に製造原価の内訳を示す製造原価報告書が作成される。

（販売業の場合）

　売上原価

期首商品棚卸高	×××	
当期商品仕入高	×××	
合　　計	×××	
期末商品棚卸高	×××	×××

（製造業の場合）

　売上原価

期首製品棚卸高	×××	
当期製品製造原価	×××	
合　　計	×××	
期末製品棚卸高	×××	×××

　売上原価は、販売した商品、製品等の原価であり、売上収益に直接的、個別的に対応する費用であり、「販売費及び一般管理費」とは対応の仕方が異なる。

財務諸表

　売上高から売上原価を差し引いた金額は、売上総利益といわれるもので
ある。売上総利益は企業の収益性を分析する場合には、1つの重要な利益
概念である。

3　製造原価報告書の構造

　製造原価報告書は、仕掛品勘定に集められた原価要素を、材料費、労務
費、製造経費に大別して示し、それに期首および期末の仕掛品棚卸高を加
減算して、当期製品製造原価を算定する。すなわち、まず費目別に細分し
て示される当期総製造費用は、その期間中に発生した製造にかかわる費用
のすべてが計上され、ついでそれに仕掛品にかかわる費用が加減算されて、
その期に製品として完成したものにかかる製造原価が計算されるものであ
る。なお、製造原価項目のなかには、異常な仕損費とか棚卸減耗損、臨時
の多額な退職金、相当な償却とはいえない特別償却費のような非原価項目
は含まれない。

　製造原価報告書の構成と損益計算書の売上原価算定の過程を図示すると、
次のとおりである。

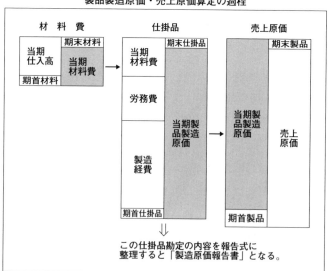

製品製造原価・売上原価算定の過程

【基本問題解答例】

製造原価報告書

(単位：百万円)

Ⅰ	材 料 費		
	期首材料棚卸高	1,232	
	当期材料仕入高	2,728	
	合　計	3,960	
	期末材料棚卸高	1,079	2,881
Ⅱ	労 務 費		
	給料手当	301	
	福利厚生費	24	325
Ⅲ	製造経費		
	運　賃	59	
	電 力 費	27	
	保 険 料	5	
	租税公課	20	
	減価償却費	40	151
	当期総製造費用		3,357
	期首仕掛品棚卸高		386
	合　計		3,743
	期末仕掛品棚卸高		404
	当期製品製造原価		3,339

財務諸表

応用問題

下記の資料により、製造原価報告書を作成しなさい。

(単位：万円)

(1)	工員の給料	2,600	(8)	製品の出荷運賃	241
(2)	工場関係の減価償却費	760	(9)	工場の固定資産税	195
(3)	工場技術者の給料	410	(10)	材料の仕入割引	16
(4)	当期の材料仕入高	7,570	(11)	支払利息	95
(5)	工場関係の雑費	540	(12)	営業部員の給料	670
(6)	工場従業者の福利厚生費	320	(13)	外注加工費	1,652
(7)	棚卸資産		(14)	動力費	918
			(15)	製品検査部員の給料	171

	期首	期末
材料	610	629
製品	184	212
仕掛品	271	288

☞ 基本問題との相違点

① 細分化された費目から個別に検討

② 非原価費用を含まれており、除去

③ 棚卸資産の在庫増減を計算のうえ、原価集計

【応用問題解答例】

製造原価報告書

(単位：万円)

Ⅰ 材 料 費			
期首材料棚卸高		610	
当期材料仕入高		7,570	
合 計		8,180	
期末材料棚卸高		629	7,551
Ⅱ 労 務 費			
給 料 手 当		3,181※	
福 利 厚 生 費		320	3,501
Ⅲ 製 造 経 費			
外 注 加 工 費		1,652	
動 力 費		918	
減 価 償 却 費		760	
租 税 公 課		195	
雑 費		540	4,065
当期総製造費用			15,117
期首仕掛品棚卸高			271
合 計			15,388
期末仕掛品棚卸高			288
当期製品製造原価			15,100

※2,600＋410＋171＝3,181

財務諸表

~ follow up ~

建設業の勘定科目

建設業では、次のような特殊な勘定科目名が使われている。

売上高→完成工事高、売上原価→完成工事原価、売掛金→完成工事未収入金、仕掛品→未成工事支出金、買掛金→工事未払金、前受金→未成工事受入金

損益計算の原則

基 本 問 題

発生主義とはどういうものか、その意味を述べ、実現主義との関係を簡単にふれなさい。

☞本問のポイント

① 発生の経済的事象にもとづく損益の認識が発生主義である。

② 期間損益計算を適正に行うため、現在の企業会計では現金主義ではなく発生主義による会計になっている。

③ 収益の認識に関しては、発生主義ではなく、新しい収益認識基準を確認して会計処理を行う必要がある。

解答欄（自己作成欄）

問題理解と解答作成ポイント

　発生主義と実現主義は、ともに適正な期間損益計算を行うための会計原則の大きな柱である。損益計算全体のベースとして発生主義が存在し、これに加えて収益計上については、実現主義が未実現利益の計上の歯止めの役割を果たす。

　発生主義は、経済的事象の発生の事実をもって期間損益計算を適正にしようとするものである。固定資産に対するような長期投資が増え、また営業活動上在庫投資が必要となり、あるいは信用経済が発達して相当額の債権債務の存在が普通の状態といったような企業の実態を見ると、損益発生と現金収支との間のズレはますます大きくなるので、現金主義による会計では企業の実態を適切に反映できなくなったために発生主義が登場したのである。

　しかし、発生主義は、収益の計上で未実現利益の計上という現象が生じてくる。この未実現利益は、貨幣的資産の裏付けが弱く分配できない利益ということになる。そのために実現主義が必要となる。

　実現主義の実現とは、一般に外部に販売することによって収益が実現したものとみるものであるから、実現主義を適用することにより未収金等の貨幣性資産が認識でき分配可能な収益の計上が可能となるのである。

　本問は、文字どおりの基本問題であるから、内容や文言を暗記するようなものではなく、損益計算のあり方をじっくり考え、そこから会計原則の意図していることを十分に納得することのほうが、解答を書くことよりも重要である。意味や内容を十分に理解すれば、文章表現もおのずからできあがるはずである。

財　務　諸　表

★関連事項

1 発生主義の原則

企業会計原則では、すべての費用および収益は、その支出および収入にもとづいて計上し、その発生した期間に正しく割り当てられるように処理しなければならないとしている。このような考え方を発生主義という。この発生主義というのは、適正な期間損益計算を行うために収益や費用をその発生した経済的な事実にもとづいて認識し、その発生時に収益・費用を計上するものである。

発生主義に対するものが現金主義である。現金主義は、現金の収入・支出にもとづいて収益・費用を認識し、期間計算を行うものであるから、資金の裏付けがあり最も客観的で確実である。しかし、現金収支と経済的事象の発生の間には時間的なズレがあることから、現金主義では企業の経済的実態を適切に示せず、合理的な期間損益計算を行うことが難しい。そこで、発生主義会計が行われている。

2 実現主義の原則

商品・製品等の棚卸資産は、それが実際に販売されてはじめて貨幣性資産に代わる。そこで、収益の計上については、納税や分配可能であることが求められるため貨幣性資産の裏付けがある実現主義の原則が必要になってくる。

企業会計原則において、売上高は実現主義の原則に従い、商品の販売、役務の給付によって実現したものに限る、といっている。この実現主義は、また、評価益すなわち未実現利益の計上を排除する。なぜなら、企業会計の利益は株主等に配分可能な利益でなければならないからである。

3 売上高の認識基準の考え方

(1) 「収益認識に関する会計基準」の制定

従来は、売上高など営業収益は実現主義の考え方に基づき、商品の販売

や役務の提供のタイミングで売上高の計上をしていた。しかしながら実現主義には多様な解釈があるため、同じ実現主義であっても解釈が一様ではなく、実現主義の運用の幅が大きいという問題があった。

実現主義に含まれる会計基準等	指摘されている問題点
販売基準	商品の出荷、引渡、検収とさまざまな段階での収益認識の選択肢が事実上認められており、売上高の計上のタイミングが不明確であるとか恣意的になりやすい。
工事進行基準	この会計処理は実質的に発生主義である。義務履行について不確実性がある。
金融商品の時価評価	時価評価の本質は発生主義である。未実現利益が計上されてしまう。
割賦基準	この会計処理の本質は現金主義である。

財
務
諸
表

　これに対し、令和3年4月1日開始事業年度から適用された「収益認識に関する会計基準」および「同適用指針」など（以下、まとめて「新収益基準」という）では、財またはサービスを顧客に引き渡し、移転することで売主の履行義務を果たしたときに収益を認識することとなった。

　財またはサービスが顧客に移転するのは、言い換えれば顧客が財またはサービスの支配を獲得した時である。このように、新収益基準では"履行義務の充足"により収益を認識することとなる。

　また、新収益基準は顧客との契約を重視している。したがって、法的な拘束力があるなら、口頭、取引慣行、メールでの内示などであっても会計処理の対象になる。

　なお、中小企業会計指針等を適用する場合には、新収益基準を適用しないこともできる。

(2)　新収益基準の適用範囲

　新収益基準は、顧客との契約から生じる収益が対象となる。ただし、新収益基準が適用されないものとしては、例えば次のようなものがある。

```
・金融商品
・リース取引
・保険契約
・交換取引
・金融商品の手数料
・不動産の流動化
```

(3)　新収益基準5つのステップ

新収益基準は次の5つのステップで検討することとなる。

ステップ1	顧客との契約を識別	計上単位
ステップ2	契約における履行義務を識別	計上単位
ステップ3	取引価額を算定	収益計上金額
ステップ4	履行義務に取引価額を配分	収益計上金額
ステップ5	履行義務の充足に応じ収益認識	計上時期

【ステップ1】　顧客との契約を識別

次の①から⑤までの要件すべてを満たしたときに顧客との契約を識別する。

```
①　当事者が契約を承認し、義務の履行を約束していること。
②　各当事者の権利を識別できること。
③　移転される財・サービスの支払条件を識別できること。
④　契約に経済的実質があること。
⑤　対価を回収する可能性が高いこと。顧客の支払う意思と能力を考慮
　　する。
```

ステップ1では、経済的実質の観点から複数の契約を一体処理することがある。

【ステップ2】　契約における履行義務を識別

ステップ1で識別した顧客との契約において、約束した財またはサービスが別個のものとなる可能性があり、契約の観点からも別個のものになる場合、別個の履行義務として会計処理する。

複数の契約の組み合わせで初めて単一の履行義務が構成されるようなケ

ースでは、1つの契約とみなし、収益計上単位とする。

　（1つの商業目的を有するものや、支払を受ける対価の額が、他の契約の価格・履行で影響を受ける場合は、単一の履行義務を構成する。）

　1つの契約に複数の履行義務が含まれる場合、それぞれの履行義務をもって収益を認識する。

　（例）資産の販売、メンテナンスはそれぞれの独立した履行義務とする。

【ステップ3】　取引価額を算定

　取引価額を算定する場合には、①から④すべての影響を考慮する。

①　変動対価 ②　金融要素 ③　現金以外の対価 ④　顧客に支払われる対価

【ステップ4】　履行義務に取引価額を配分

　財またはサービスの独立販売価格の比率など合理的基準でそれぞれの履行義務に配分する。

　一定の合理的な基準で配分しているのであれば継続適用で配分する。ステップ3および4では、契約単位とは異なる会計処理を求めている（従来は、会計、法人税、消費税ともに契約単位で処理してきた）。

【ステップ5】　履行義務の充足に応じ収益認識

履行義務の態様	収益の認識
一定の期間にわたり充足される履行義務	履行義務の充足にかかる進捗度を見積もり、その進捗度に応じ収益を一定の期間にわたって認識する。
一時点で充足される履行義務	履行義務が充足される時点で収益を認識する。

(4)　税務上の取扱い

　新収益基準の適用に伴い、税法においても法人税法22条の2を新設して明確化した。

新収益基準では、"履行義務の充足"により収益を認識する。これ自体は税法の権利確定主義と齟齬をきたすものではないと理解されている。

また、法人税法22条4項の「一般に公正妥当と認められる会計処理の基準」に新収益基準が含まれることとされた。中小企業では、従来からの企業会計原則に則った会計処理も当面は認められる。

法人税法独自の規定の例として、回収不能、返品に係る変動対価の扱いや工事進行基準がある。工事進行基準については、法人税法では従来の規定が削除されることなく残っている。

新収益基準では、返品調整引当金、割賦基準、延払基準を認めていないが、法人税法でもこれらの見直しを受けて廃止された。

4　費用収益対応の原則・費用配分の原則

費用収益対応の原則は、期間損益計算の前提において収益に対応する費用を認識するという原則である。原因と結果の因果関係により収益と費用とを対応させて計算を行うことで、損益の発生原因や状況をより明確にするという意味をもっている。また、収益と費用の対応関係のうち、営業外収益と営業外費用は両者間には、直接的な対応はない。

固定資産の減価償却や、棚卸資産について売上原価になる部分と在庫品として繰り越される部分とに区分する場合に費用配分の原則が適用になる。

【基本問題解答例】

今日の企業会計は、期間損益計算を前提とした発生主義会計である。この発生主義とは、現金の収支ではなく、経済的事実の発生にもとづいて損益の認識を行う方法である。

期間損益計算においては、現金主義会計では経済実態を反映できないため、それに代わるものとして発生主義を採用し、その期間の経営活動を反映した損益計算を行うこととなっている。

発生主義会計では、収益・費用について未収・未払・前受・前払の問題

が生じ、また固定資産の減価償却が必要となる。ただし、収益の認識は確実に行う必要があるため、発生主義では、資産の評価益が未実現利益として計上されることにならないよう、収益の認識では実現主義の原則が採用される。

財務諸表

応 用 問 題

　製造業を営むR社の令和X1年3月期決算の貸借対照表において、下記のような表示があった。これに関して、次の設問に答えなさい。

貸借対照表の一部
（単位：百万円）

流動資産		流動負債	
前払費用	20	未払費用	80
未収収益	4	前受収益	10

　(1)　貸借対照表上に、なぜこのような項目が計上されるのか、その理由を簡潔に説明しなさい。

　(2)　4つの項目についてそれぞれどのような場合があるか、具体的に例を示しなさい。

☞ 基本問題との相違点

①　発生主義会計において必然的に発生する経過勘定を認識する。

②　保険料・支払利息等身近な諸経費をあらためて認識し、発生主義会計を確認する。

③　期間損益計算を適正に行うために経過勘定が必要となる。

【応用問題解答例】

(1)　現行の損益計算が、期間損益計算を適正に行うために発生主義会計を採用しているため貸借対照表の資産または負債に経過勘定が計上される。発生主義とは現金の収支ではなく、収益および費用を発生した経済的な事実にもとづいて計上し損益を認識する基準である。このような発生主義にもとづいて、一定の契約に従い、継続的な役務の授受を行う場合、期末において決算の修正手続として費用・収益の繰延・見越の処理を行い、その結果として貸借対照表に資産として計上されるものが前払費用、未収収益であり、負債として計上されるものが未払費用、前受収益である。

(2)　(イ)前払費用——保険料等の費用の前払分を繰り延べ、貸借対照表の資産の部に前払費用として計上する。

　(ロ)未収収益——受取利息等の未収分を収益として見越計上し、貸借対照表の資産の部に未収収益として計上する。

　(ハ)未払費用——家賃等の費用のうちで契約期間を経過した部分を未払分の費用として見越計上し、その額を貸借対照表の負債の部に未払費用として計上する。

　(ニ)前受収益——家賃等の収益の前受分を当期の収益から控除し、貸借対照表の負債の部に未前受収益として計上する。

~ follow up ~

　上記のような問題は、さほどむずかしい問題とは思わないが、あらためてまとめるとなると意外とむずかしいものである。簿記論と財務諸表論の接点に位置するような問題なので戸惑いを感ずるかもしれない。

　なお、経過勘定に関する仕訳処理については、「①財務諸表のしくみ」（4頁以降）を参照されたい。

財務諸表

15

新しい収益の基準（その他の論点）

基本問題

売上高の認識計上の基準が改正されました。新しい収益の認識ルールについて、これまでの実現主義とくらべ、見直されたことについて答えなさい。

☞ **本問のポイント**

① 売り手が履行義務を果たしたときに収益を認識する。

② 財またはサービスの移転は、顧客が支配を獲得したときである。

③ 5つのステップで認識する。

解答欄（自己作成欄）

問題理解と解答作成ポイント

　売上高の認識計上基準が見直された。この新しい収益認識のルールの特徴としては、これまでの"実現主義"という概念をより精緻化していることがあげられる。ここでは売上高の取引自体を「5つのステップ」に分けて理解することが必要である。

　その中で、特に「履行義務」という法律的な概念・考え方で、財・サービスの「支配の移転」という"経済的実質"を捉えようとしている。したがって、文章で解答を求められた場合には、この部分を明確に示しておくことが求められる。

★関連事項

1　特殊な販売契約による収益実現

以下のような特殊商品販売のケースがある。

(1)　委託販売・受託販売

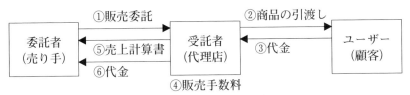

　委託者の売上は、②の受託者からユーザーに商品を引き渡し、履行義務が充足した時点に計上される。その時点で④の販売手数料も確定する。

(2)　試用販売

　「試用販売については、得意先が買取の意思を表示することによって売上が実現するのであるから、それまでは当期の売上高に計上してはならない。」（企業会計原則）とある。

財務諸表

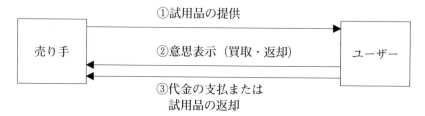

売り手は、ユーザーに試用品100を提供した時に次の仕訳を行う。

借　方	金　額	貸　方	金　額
試用品	100	仕　入	100

試用品の売上150の計上は②の意思表示の時になる。

借　方	金　額	貸　方	金　額
売掛金	150	試用品売上	150
仕　入	100	試用品	100

返却した場合は、以下の仕訳となる。

借　方	金　額	貸　方	金　額
仕　入	100	試用品	100

(3)　予約販売

「予約販売については、予約金受取額のうち、決算日までに商品の引渡しまたは役務の給付が完了した分だけを当期の売上高に計上し、残額は貸借対照表の負債の部に記載して次期以後に繰り延べなければならない。」（企業会計原則）。

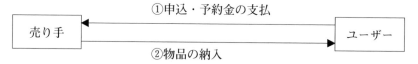

予約金200の入金があった時の仕訳は次のようになる（別に対照勘定法もある）。

借　方	金　額	貸　方	金　額
現金預金	200	前受金	200

売上の計上の仕訳は、②の物品を引き渡して、履行義務が充足された時になる。

借　方	金　額	貸　方	金　額
前受金	200	売上高	200

（注）　売上原価計上の仕訳は省略します。

⑷　割賦販売

割賦販売とは、割賦販売商品を引き渡した後に、月払い、年払い等の方法で代金を分割して回収する方法である。

割賦販売は、その代金回収までに長期間を要するため代金回収上のリスクが高くなる。

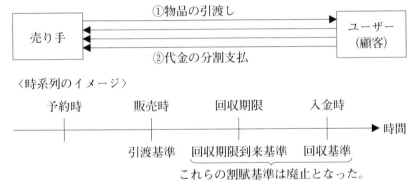

〈時系列のイメージ〉

割賦販売では、物品の引渡し時点で売上計上する。これに対して、従来の割賦基準（回収期限到来基準や回収基準）は代金の受取時点に売上を計上するという考え方であるが、収益認識に関する会計基準の適用に伴い廃止された。

【基本問題解答例】

　従来は、売上高は実現主義の考え方に基づき、商品の販売や役務の提供のタイミングで売上高の計上をしていた。しかしながら実現主義には多様

な解釈があるため、同じ実現主義であっても解釈が一様ではなく、実現主義の運用の幅が大きいという問題があった。

　新収益基準では、財またはサービスを顧客に引き渡し、移転することで売主の履行義務を果たした時に収益を認識することとなった。

　財またはサービスが顧客に移転するのは、言い換えれば顧客が財またはサービスの支配を獲得した時である。このように、新収益基準では"履行義務の充足"により収益を認識することとなる。

　新収益基準では、取引について次の5つのステップを適用することで収益を認識する。

ステップ1　顧客との契約を識別

ステップ2　契約における履行義務を識別

ステップ3　取引価額を算定

ステップ4　履行義務に取引価額を配分

ステップ5　履行義務の充足に応じ収益認識

1　ポイント等について

　ポイントに関しては、企業が負う義務に応じて会計処理を行う。

　ポイントの付与について、契約を締結しなければ顧客が受け取れない場合、このポイントを別個の履行義務として会計処理する。この場合、取引価額の一部をポイントに配分する。

　収益認識適用指針48項の規定の考え方を税務上も取り入れている（法人税法基本通達2-1-1の7）。

・発行日から10年経過→収益の額に算入する。

・区分管理していない場合→収益の額に算入する。

・有効期限が到来したポイント→収益の額に算入する。

・法人の独自の基準に達したもの→収益の額に算入する。

①　自己発行ポイントについては、実質的には値引きと理解されている。
　→収益のマイナスとして前受処理（契約負債勘定）→当期の益金にはならない。

②　その他のポイントについては引当処理となる→損金不算入となる。

　自己発行ポイントであるかどうかにより当期の損益や法人税に違いが生じる。また、消費税の取扱いは従来どおりであるため、調整計算が生じる可能性がある。

2　商品券等について

　商品券等を販売した場合には、将来に財やサービスを提供する義務が残るため契約負債を認識する。

　顧客が権利行使するパターンに比例して、商品券等の契約負債を取り崩して収益を認識し、顧客が商品券等の残りの権利を行使する可能性が極めて低くなった時にも契約負債が消滅したとみなして収益を認識する。

3　長期の工事請負契約について

　会計上、工事進行基準の扱いは、新収益基準の3要件いずれかを満たすものに適用することとしたので、事実上、工事進行基準の適用はやや難しくなっている。

　これに対して法人税法施行令129条は見直しが行われていないので、税務上は工事進行基準が従来通りに適用される。よって、長期請負契約は会計の考え方と法人税法の規定がやや異なることとなり、会計基準の要件を満たせない長期請負契約については、税と会計が別々の処理となるのでそれぞれの数値を管理していく必要がある。

　また、進捗率を適正に見積もれないような場合には、工事進行基準が適用できないので、原価回収基準が適用されることとなる。

4　本人か代理人かの検討について

　他の当事者が顧客への商品等の提供に関与している場合、本人か代理人かの検討を要することとなっている。

財務諸表

　この判定により、売上高をグロスアップした金額で計上するのか、ネットの手数料で計上するのかの違いが表れる。

　①　商品等を企業自らが提供するときには、その商品等と交換に企業が権利を得ると見込まれる対価の総額を収益として認識する。

　②　企業が代理人であるときには、手配したサービスと交換に企業が権利を得ると見込まれる手数料の金額を収益として認識する。

```
┌─────────────  応 用 問 題  ─────────────┐

　　S建設会社（12月決算）は、Tビルの新築工事を1,600百万円で受
　注した。下記の資料によって、この工事の平成X1年度、X2年度の完
　成工事高と完成工事原価を、(1)工事完成基準および(2)工事進行基準に
　よって計算しなさい。

        ┌──────────────────────────────┐
        │ 着　　　　工　　　　　　　　　X1年 3 月 │
        │ 完　　　　成　　　　　　　　　X2年 5 月 │
        │ X1年12月31日までの工事完成率（進捗率）　75% │
        │ 工事原価見積　　　　　　　1,120百万円 │
        │ 工事原価実績　　　　　　　1,120百万円 │
        └──────────────────────────────┘
└─────────────────────────────────────┘
```

財
務
諸
表

☞ 基本問題との相違点

① 　本問は工事請負事業である点が異なる。
② 　請負工事では、収益実現の態様が一般売上高と異なる。

【応用問題解答例】

(1)　工事完成基準（企業会計では廃止）

　　　　X1年度　ゼ　ロ

　　　　X2年度　完 成 工 事 高　　　　　　1,600百万円

　　　　　　　　完成工事原価　　　　　　1,120百万円

工事完成基準は、工事完成の時点で一挙に売上収益を計上する。

(2)　工事進行基準

　　　　X1年度　完 成 工 事 高＝1,600×0.75 ＝1,200百万円

　　　　　　　　完成工事原価＝1,120×0.75 ＝　840百万円

　　　　X2年度　完 成 工 事 高＝1,600－1,200＝　400百万円

　　　　　　　完成工事原価＝1,120－840　＝　280百万円

　赤字工事になる場合には、工事損失（引当金）を計上する等保守的な会計処理が求められる。

【日本基準とIFRS（工事契約（IAS11）】

　現在、収益認識の関係で再度IFRSの見直しが行われている。IFRSの議論において、工事進行基準そのものの妥当性が問われているので、今後大幅な改訂も考えられる。

　現行のルールは、以下のような違いがある。

	IFRS	日本基準
収益・費用の認識（原則）	履行義務充足時	工事進行基準[注]
工事契約の成果について信頼性をもって見積もれない場合	原価回収基準	原価回収基準

（注）　「収益認識に関する会計基準」が令和3年4月1日以後開始する連結会計年度及び事業年度の期首から適用されている。これに伴って、工事進行基準の適用は従来より適用要件が厳しくなっている。

会計原則と利益操作

出題【23年10月・問1、問8／23年6月・問1／22年10月・問1、問8／22年6月・
問1、問8／21年10月・問1／21年6月・問1／20年10月・問1】

基本問題

継続性の原則について、下記の設問に答えなさい。

(1) 継続性の原則とは、どのようなものか。

(2) 継続性の原則が会計上要請される理由を述べなさい。

(3) 会計処理の原則、手続を変更した場合は、財務諸表にどのよう
に表示されるか説明しなさい。

☞ **本問のポイント**

① 継続性の原則は同一の基準を継続して適用することをいう。

② 継続性の原則が必要とされる理由は、利益操作を排除することである。

③ 会計方針を変更した場合は、「その事実」、「変更した理由」と「変更
の影響」を注記する必要がある。

解答欄（自己作成欄）

問題理解と解答作成ポイント

　企業では、利益操作や利益を平準化するために正当な理由にもとづかない会計処理の変更が、架空売上や架空在庫のような粉飾よりも頻繁に行われる。業績順調で利益の増大が予想されるときは利益を圧縮し、業績不振で利益の減少が見込まれるときは利益を増加するように会計処理を変更することにより、利益操作が行われる。

　継続性の原則は、こうした利益操作を排除するための会計原則としての役割を果たす。すなわち継続性の原則が真実性の原則を支える大きな柱となっている。会計上の処理や手続は企業による選択が認められているので、その真実性は、毎期同じ方法が継続して用いられていればという条件での相対的真実性を指す。したがって、継続性の原則は、企業会計の相対的真実性を保証するものである。

★関連事項

●利益操作のパターン

　利益操作の方法は、損益計算書と貸借対照表の両面の操作の組合せにより、9種類に分かれる。それぞれのよく行われる例は、次のとおりである。
〈利益過大計上〉

①の型（収益過大・資産過大）——「架空売上、架空売掛金の計上」、「翌期の売上を当期に計上」、「関係会社への押込み売上」

②の型（収益過大・負債過少）——「引当金の目的外取崩し」

③の型（費用過少・資産過大）——「貸倒引当金の計上不足」、「固定資産の減価償却不足」、「棚卸資産の過大計上（不良棚卸資産の評価損未計上、架空棚卸資産の計上）」、「当期に負担すべき費用を資産に計上し繰り延べる（費用として計上すべき収益的支出を有形固定資産として計上など）」、「投資有価証券の評価損未計上」

従来の利益操作のパターン

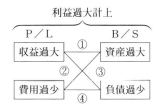
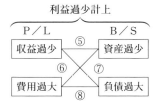

④の型（費用過少・負債過少）── 「未払費用を負債に計上しない」、「引当金の計上不足」、「法人税等の計上不足」

〈利益過少計上〉

⑤の型（収益過少・資産過少）── 「当期の売上を翌期に繰り延べる」

⑥の型（収益過少・負債過大）── 「当期完成工事高を計上せず、入金高を未成工事受入金（前受金）に計上する」

⑦の型（費用過大・資産過少）── 「固定資産の減価償却費の過大計上」、「棚卸資産の過少計上」、「固定資産に計上すべきもの（資本的支出）を費用に計上」

⑧の型（費用過大・負債過大）── 「諸引当金の過大計上」、「法人税等の過大計上」

⑨の型（資産、資本の過大）──近年、資本金を過大に計上する新しいタイプの粉飾が出現した。これは、金融機関からの融資を引出す等の目的で自己資本を厚く見せるものである。

【基本問題解答例】

(1)　継続性の原則とは、1つの会計事実について2つ以上の会計処理の原則、手続の選択適用が認められる場合、企業がそのうちの1つを選択したならば、これを毎期継続して適用し、正当な理由がなければ、みだりにこれを変更してはならない、というものである。

(2)　会計処理をみだりに変更すると、同じ事実について変更していない
　　場合とは異なる利益額が算出され、財務諸表の数値を期間比較するこ
　　とが困難となり、財務諸表を見る人の判断を誤らせることがあるから
　　である。

(3)　正当な理由によって会計処理の原則や手続に重要な変更を加えたと
　　きは、その旨、変更の理由およびその変更による影響額を注記表に注
　　記しなければならない。

⎛ 応 用 問 題 ⎞

　　毎年わずかながら利益を計上しているU社の損益計算書は下記のとおりである。U社を担当する渉外係のV君は、U社に問診したところ次の事項が判明した。これについて計算過程を示して修正損益計算書を作成しなさい。

判明事項

(1)　U社の期末棚卸資産棚卸高は106百万円であるが、正しい在庫は月商の1ヵ月分である。なお期首棚卸資産棚卸高は適正であった。

(2)　売掛債権のなかに、売掛先倒産のため全額回収不能見込みの債権4百万円が含まれているが、貸倒引当金は計上されていない。

(3)　社会保険料の納付が遅れており、会社負担の2百万円は損益計算書に計上されていない。これは、法定福利費項目で処理されなければならない。

(4)　有形固定資産の減価償却は、税法規定によれば7百万円償却可能である（償却不足としない）。

(5)　公的金融機関からの借入金利息の後払分3百万円が未計上となっている。

(6)　その他経費で、未払費用に計上すべきもの3百万円が計上されていない。

損益計算書
（令和X1年10月〜令和X2年9月）
U社　　　　　　　　　　（単位：百万円）

		販売費·一般管理費の内訳	
売 上 高	1,200		
売 上 原 価	1,079	給 料 手 当	55
売 上 総 利 益	121	決 定 福 利 費	3
販売費·一般管理費	108	燃 料 費	4
受 取 利 息	6	賃 借 料	5
支 払 利 息	12	減 価 償 却 費	5
経 常 利 益	7	そ の 他	36

☞ 基本問題との相違点

① 　粉飾決算のケースにふれ、修正処理を行う。

② 　与えられた資料に加減算処理を行い、修正後の損益計算書をまとめる。

③ 「中小企業の会計に関する指針」により、固定資産の減価償却は法人税の規定による償却限度額をもって償却額とすることができる。

【応用問題解答例】

判明事項(1)により、月商1,200百万円÷12＝100百万円、期末棚卸資産棚卸高の過大106百万円－100百万円＝6百万円。したがって、売上原価は過少であり、6百万円加算。

判明事項(2)により不良売掛債権4百万円を引き落とし、貸倒損失4百万円を計上。

判明事項(3)により法定福利費の加算2百万円。

判明事項(4)により減価償却費追加計上7百万円－5百万円＝2百万円となり、2百万円加算。

判明事項(5)により支払利息の加算3百万円。

判明事項(6)により未払費用計上分、その他経費加算3百万円。

修正損益計算書
（令和X1年10月～令和X2年9月）
U社 （単位：百万円）

売上高		1,200
売上原価		1,085
売上総利益		115
販売費・一般管理費		
給料手当	55	
法定福利費	5	
燃料費	4	
賃借料	5	
減価償却費	7	
雑費・その他経費	39	
貸倒損失	4	119
営業損失		4
営業外収益		
受取利息		6
営業外費用		
支払利息		15
経常損失		13

~ *follow up* ~

　財務諸表を作成するためには、一般に認められた企業会計の基準に準拠することが必要である。企業会計の基準にはさまざまなものがあり、代表的なものとしてはＡＳＢＪ（企業会計基準委員会）の公表する会計基準や企業会計原則がある。

引　当　金

出題【23年6月・問5／21年10月・問5／21年6月・問4】

> ## 基本問題
>
> 　(1)会計上の引当金とは何か、簡単に説明して、(2)その具体例を列挙しなさい。また、(3)偶発損失に対する引当金について説明しなさい。

☞ 本問のポイント

① 　会計上の引当金は、適正な期間損益計算のために計上されるものである。

② 　引当金には債務性引当金と評価性引当金の2つがある。

③ 　偶発損失についても引当金の要件を満たす場合には、引当金を計上する。

解答欄（自己作成欄）

問題理解と解答作成ポイント

　引当金は、期間損益計算を適正に行うために、現在は支出または損失となっていないが、当期の負担に属すべき費用または損失の見積額を計算し、これを負債または資産の控除項目として計上するものであり、その繰入額は損益計算上の費用として計上される。

　引当金の設定は、現金主義による取引記録を発生主義に修正し、正しい期間損益計算を行うための1つの手段である。引当金は、流動負債または固定負債の部に計上される債務性の引当金と、資産の部にその控除項目として計上される評価性引当金の2つのものから成る。

　会計上の引当金概念は、企業会計原則注解18に述べられているので、本問はこの注解18の内容を概説することで足りるであろう。

★関連事項

1　資産の部から控除する引当金

　引当金には、まず資産の部にその控除項目として計上されるものがある。その典型的なものが貸倒引当金である。この貸倒引当金は、資産を評価する役割を果たすことから、評価性引当金といわれる。

2　負債の部に計上される引当金

　負債の部に計上される引当金には、法律上の債務である引当金と債務でない引当金とがある。債務である引当金とは、確定債務ではないが、条件付債務にあたるものをいう。その典型例が退職給付引当金である。退職給付引当金は、退職金規定により、従業員が退職したならば支払うことになる退職金という債務に備えての引当金であり、条件付債務にあたる引当金ということになる。このような条件付債務にあたる引当金には、他に賞与引当金、製品保証引当金などがある。

　以上の債務である引当金に対して、債務でない引当金として、たとえば

修繕引当金がある。修繕引当金は、一定の期間をおいて行う予定の修繕費用をその実施前の各期間に負担させる引当金で、債権者が不特定で債務の内容も明らかでないことから法律上の条件付債務にあたらないものである。

　債務としての性格をもつ引当金は、負債の部に計上する。これに対し会計上の引当金の1つとしてあげた修繕引当金は、条件付債務でなく、法律上の債務ではないが、公正なる会計慣行として会社法上も引当金を計上することになる。

　なお、特定業種における特別法上の準備金（電気事業法による渇水準備引当金など）については、特定業種の公共性の立場からその計上が法令により強制されていることなどにより、会計上も引当金または純資産の部の積立金として認めることとしている。

3　日本基準とIFRS

【引当金（IAS37）】

　IFRSでは引当金の定義が厳密であり、日本基準に比べると引当金の範囲は狭い。IFRSにより引当金を認識するに際しては、公式な計画や相応の根拠資料が必要となる。

　企業年金の積立不足について、日本基準における退職給付引当金では一括計上せずに済むケースが見られたが、アナリスト等から「隠れ債務」といわれていた。IFRSでは、積立不足は生じた年度で処理するとされ適

財務諸表

	IFRS	日本基準
引当金の認識	3要件 ・現在の債務 ・資源の流出の可能性が高い ・信頼性をもって見積り可能	企業会計原則注解18の要件に該当するものを引き当てる。
リストラクチャリング引当金の扱い	企業が詳細な公式計画を有し、実施を開始する場合等の条件があるときには引当する。	リストラクチャリングについて明確な規定はない。
資産除去債務	IFRSの引当金の認識要件を満たす場合に見積り額を計上する。	引当金計上が必要。敷金と相殺する簡便法もある。

正に会計処理を行えば「隠れ債務」は生じないとされている。

【基本問題解答例】

　(1)　会計上の引当金とは、期間損益計算を適正に行うために、いまだに支出または損失とはなっていないが、当期の負担に属すべき費用の見積額を計算し、これを負債として計上するものであり、その繰入額は損益計算上の費用として計上される。

　このような引当金の設定条件としては、①その発生が当期以前の事象に起因する将来の特定の費用・損失に備えるものであること、②発生の可能性が高いこと、③その金額を合理的に見積もることができることの3点が必要であるといえる。

　(2)　賞与引当金、退職給付引当金、製品保証引当金、修繕引当金、債務保証損失引当金、貸倒引当金など。

　(3)　発生の可能性の不明なものもしくは低い偶発事象にかかる費用・損失については、偶発事項として脚注することとされ、引当金を計上できないが、発生の可能性の高い偶発損失に対しては、偶発損失引当金を計上する必要がある（具体的な内容がわかる名称の引当金とする）。

⎛ 応 用 問 題 ⎞

　K社（年1回、12月末日決算）では、確定給付型企業年金制度（従業員非拠出の退職年金制度）を採用している。下記の〈資料〉にもとづいて、次の設問に答えなさい。

(1)　〈その他参考事項〉の①について、修正仕訳を示しなさい。

(2)　下記の〈資料〉より、①勤務費用、②利息費用、③期待運用収益、④退職給付費用の額をそれぞれ算出しなさい。

(3)　上記(2)により退職給付の計上に関する仕訳を示しなさい。

〈資料〉

〈退職給付債務の計算基礎〉

1．割引率：1.5%

2．期待運用収益率：2.0%

〈判明事項〉

　外部の委託会社から期首および期末に入手した退職給付債務等の数理計算報告書により判明した事項

	期　首	期　末
退職給付債務	282,600千円	293,259千円
年金資産	78,450千円	71,868千円
勤務費用	18,900千円	―

〈その他の参考事項〉

①　当期中に、年金掛金12,000千円および割増退職金13,500千円を支払い、仮払金勘定で処理した。

②　試算表の退職給付引当金は180,450千円である。

③　期首において、数理計算上の差異および過去勤務債務残高はなかった。

財　務　諸　表

☞ 基本問題との相違点

① 　最近の傾向として、退職給付の計算問題が出題されている。

② 　決して困難な問題ではないが、特殊な計算であるため一度計算して
みないとまったく歯が立たないこともあると考えられる。

③ 　退職給付にあてる資金を年金資産として外部の信託銀行や保険会社
に運用委託しているために、独特の会計処理や計算となる。

　なお、(1)の問題の出題意図は仮払金の暫定的な処理を正しい処理に直
すことである。

　当期中に支払った仮払金の内容から、年金掛金部分12,000千円は退職
給付債務の不足額を補い、引当金の必要額を減らすので退職給付引当金
を借方に計上する。

　割増退職金の支払13,500千円は、退職金勘定で処理する。

　(2)は退職給付の計算が理解できているかどうかについて確かめるため
の問題であり、(3)は退職給付の会計処理が理解できているかどうかを試
す問題である。

～ *follow up* ～

引当金の分類と表示

	(分　類)	(具体例)	(表示方法)
引当金｜資産の部の引当金		貸倒引当金など	資産の控除項目
引当金｜負債の部の引当金	実質的には債務であるもの(条件付債務)	退職給付引当金、賞与引当金など	流動負債または固定負債
	債務でない引当金	修繕引当金など	流動負債、固定負債
(利益留保性引当金)	特別法の規定による準備金	渇水準備金など	通常は固定負債
	租税特別措置法による準備金	特別償却準備金など	純資産の部の任意積立金

〈貸倒引当金に係る問題〉

2021年（149回）・問4より

　C社は、決算にあたり、売上債権に対する貸倒引当金の計上額を算出しています。下記の〈資料〉にもとづいて、次の設問に答えてください。なお、金額は千円未満を四捨五入のこと。

(1)　下記の〈資料〉をもとに、債権区分ごとに計上すべき貸倒引当金の金額を、計算過程を示して算出してください。

(2)　C社が、上記(1)で算出された貸倒引当金を計上するための仕訳を示してください。なお、使用する勘定科目は、下記の〈勘定科目欄〉から選択すること。また、期末日時点の貸倒引当金残高は1,500千円であり、差額補充法によるものとする。

(3)　債権に貸倒れが発生したときの会計処理について、過年度発生債権と当期発生債権に分けて、それぞれ簡潔に述べてください。

〈資料〉

債権区分	勘定科目	債権金額（単位：千円）	備　考
一般債権	受取手形 売掛金	125,000 315,000	貸倒実績率は過去の実績率である0.5%とする。
貸倒懸念債権	売掛金	12,000	財務内容が悪化している取引先X社に対する売掛金である。X社の支払能力を評価した結果、営業保証金として受け入れている3,000千円を控除した残額に対して、50%の引当てを行う。

			取引先Y社に対する売掛金である。Y社は手形交換所における取引停止処分を受けたため、担保として提供を受けている土地（処分見込額は5,500千円）を控除した全額に対して引当てを行う。
破産更生債権等	売掛金	25,500	

〈勘定科目欄〉

売掛金　貸倒損失　貸倒引当金　貸倒引当金繰入額　償却債権取立益

〈解答例〉

(1)

① 　一般債権：(125,000＋315,000)×0.5％＝2,200千円

② 　貸倒懸念債権：(12,000－3,000)×50％＝4,500千円

③ 　破産更生債権等：25,500－5,500＝20,000千円

(2)

（単位：千円）

（借　方）		（貸　方）	
貸倒引当金繰入額	25,200	貸倒引当金	25,200

《参考》

差額補充法：(2,200＋4,500＋20,000)－1,500＝25,200千円

(3)

・過年度発生債権：過年度発生債権が貸し倒れた場合は、当該債権を減額するとともに、当該債権と同額の貸倒引当金を取り崩す。貸倒引当金が不足する場合は不足額を貸倒損失として費用処理する。

・当期発生債権：当期発生債権が貸し倒れた場合は、当該債権を減額するとともに、全額を貸倒損失として費用処理する。

〈解　説〉

　貸倒引当金について、一般引当と個別引当の会計処理を確認するための出題がされている。

　それぞれの計算の仕方を理解するとともに、貸倒引当金と貸倒損失の違いを学んでおく必要がある。

財　務　諸　表

【日本基準とIFRS（退職給付その他（IAS19）】

　日本基準に比べて、IFRSでは有給休暇費用が増加するといわれている（退職後医療給付は日本基準でのルールはない）。

	IFRS	日本基準
年金債務の評価方式	発生給付評価方式	発生給付評価方式
有給休暇に対する引当	従業員が将来の有給休暇の権利を増加させる役務を提供した場合に引き当てる	規定なし
退職後医療給付	年金と同様の処理	規定なし
確定給付資産の計上	アセットシーリング（利用可能な範囲のみ）	制限を加えるための規定なし

【応用問題解答例】

（単位：千円）

(1)

借　方	金　額	貸　方	金　額
退職給付引当金	12,000	仮払金	25,500
特別退職金	13,500		

(2)① 　勤務費用：18,900千円

　　　これは問題文から判明する。

　② 　利息費用：282,600千円×1.5％＝4,239千円

　　　退職給付債務の期首の残高に割引率1.5％を乗じて利息費用を計

算する。

③　期待運用収益：78,450千円×2.0％＝1,569千円

年金資産の期首の残高に期待運用収益率2.0％を乗じて期待運用
収益を計算する。

④　退職給付費用：18,900千円＋4,239千円－1,569千円＝21,570千円

退職給付費用＝勤務費用＋利息費用－期待運用収益という計算式
が成り立つので、これに従い計算する。

（単位：千円）

(3)

借　　方	金　　額	貸　　方	金　　額
退職給付費用	21,570	退職給付引当金	21,570

当期の退職給付費用について金額が決まったので、上記の仕訳を起こす。

【資産除去債務】

1　資産除去債務の定義

資産除去債務とは、将来の有形固定資産の除却に際し、法令等で定められている不可避的な義務をいう。

わが国では、従来、有形固定資産の除却に係る損益等については除去時に会計処理を行っていたが、平成20年にＡＳＢＪから企業会計基準第18号「資産除去債務に関する会計基準」および企業会計基準適用指針第21号「資産除去債務に関する会計基準の適用指針」が公表され、有形固定資産の取得時に負債として計上しなければならないとされた。これにより平成22年4月1日以後開始事業年度からこの会計基準が原則適用となっている。

たとえば、ある固定資産について3期間使用して除却した場合の損益の認識タイミングを比較すると次のようになる。

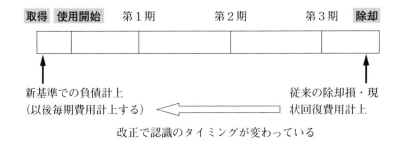

新基準での負債計上
（以後毎期費用計上する）

改正で認識のタイミングが変わっている

従来の除却損・現
状回復費用計上

財 務 諸 表

資産除去債務の会計基準は、ＩＦＲＳとのコンバージェンスの必要から制度化されたものであるが、不動産の時価評価の局面、特にアスベスト、ＰＣＢ、土壌汚染は鑑定評価に際しても重要な要素とされている実務を会計にも反映させる必要から導入されたものである。

2　資産除去債務の計上までのプロセスの概要

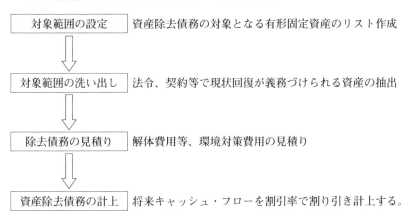

この計算では見積りの要素が多く、したがって実務上でも判断を伴う局面が多い。

3　資産除去債務の会計処理の例

【前提条件】

　設備の取得原価100,000、耐用年数は5年、設備使用後に除却しなければならない法的な義務がある。割引率は3.0%、将来キャッシュ・フロー見積額は$10,000/(1.03)^5=8,630$とする。

【会計処理・仕訳】

(1)　設備の取得と資産除去債務の計上

借　方	金　額	貸　方	金　額
有形固定資産	108,630	現金預金 資産除去債務	100,000 8,630

　通常は有形固定資産の取得原価のみ計上するが、5年後の資産除去債務のキャッシュ・アウト・フローを10,000と見積もり、これを3.0%をベースとする複利計算で割引計算する。

(2)　時の経過による資産除去債務の計上

借　方	金　額	貸　方	金　額
利息費用	260	資産除去債務	260

(3)　減価償却の計上

借　方	金　額	貸　方	金　額
減価償却費	21,730	減価償却累計額	21,730

　減価償却費は、取得価額の部分100,000に加え、資産除去債務として計上した8,630についても併せて計上する。

⑷　設備の除却及び資産除去債務の履行

借　方	金　額	貸　方	金　額
減価償却累計額	108,630	有形固定資産	108,630
資産除去債務	10,000	現金預金	10,500
履行差額(費用)	500		

除却時点で資産除去債務を履行するので、現金預金が支払われる。

4　日本基準とIFRS（IAS16、37、IFRIC1）との差異

日本基準とIFRSとの差異は基本的にはないが、差異の主なものを指摘すると以下のようになる。

	IFRS	日本基準
B／S計上科目	資産除去債務を引当金として計上	「資産除去債務」として計上
土地にかかる資産除去債務	土地に計上した除去費用等を償却	建物等の減価償却を通じ費用化される。
割引率	信用リスク調整後の割引率	リスクフリーレートをもとにした割引率
割引率の変更	引当金の見積りに影響する。	割引率の見直しはしない。
P／L表示	金融費用として表示	減価償却費と同じ区分で表示

〈参照条文〉

　資産除去債務に関する会計基準（企業会計基準　第18号）

　資産除去債務に関する会計基準の適用指針（企業会計基準　適用指針第21号）

財務諸表

～ *follow up* ～

〈資産除去債務に係る問題〉

2012年（122回）・問4より

　　A社（年1回、3月末日決算）では、平成X4年4月1日に取得原価20,000千円の機械装置を取得し、同日より使用を開始した。

　　当該機械装置については、耐用年数5年、残存価額ゼロの定額法で減価償却を行っているが、A社には、当該機械装置の使用後に当該機械装置を除去する法的義務があり、当該除去費用は2,000千円と見積られている。

　　「資産除去債務に関する会計基準」にもとづいて、次の設問に答えてください。

　　なお、割引率は3％とし、計算にあたっては、金額は千円未満を四捨五入のこと。

(1)　機械装置取得日である平成X4年4月1日における資産除去債務の金額を、計算過程を示して算出しなさい。なお、$(1.03)^5 = 1.159$ とする。

(2)　平成X5年3月31日における減価償却費の計上および資産除去債務に係る利息費用の計上の仕訳を示しなさい。なお、資産除去債務は、機械装置の取得時のみに発生するものとする。

(3)　平成X9年3月31日に機械装置が除去されたときの仕訳を示しなさい。なお、除去費用の実際発生額（小切手振出しによる支払い）は2,100千円とする。

〈解答例〉

(1)　2,000千円÷$(1.03)^5$＝2,000千円÷1.159＝1,726千円

(2)　　　　　　　　　　　　　　　　　　　　（単位：千円）

借　　方	金　額	貸　　方	金　額
減価償却費	4,345	減価償却累計額	4,345
利息費用	52	資産除去債務	52

(3) （単位：千円）

借　方	金　額	貸　方	金　額
減価償却累計額	21,726	機械装置	21,726
資産除去債務	2,000	当座預金	2,100
履行差額	100		

〈解　説〉

　資産除去債務とは、有形固定資産を取得・建設・開発により生じる法令・契約上の義務をいうとされている。具体的には、工場を引き払う際の大きな機械装置の撤去費用や賃貸建物の現状復帰にかかる諸費用をイメージしていただきたい。

　この問題では、資産除去債務に係る具体的な見積り計算を理解しているか、仕訳などの会計処理ができるかについて試している。

⑴　資産除去債務は将来の除去時点の除去費用を2,000千円と見積られたので、これを機械取得日の現在価値に割り引いて計算する。具体的には問題文中に指定されている割引率3％を使うので、この3％を加えた5乗で $(1.03)^5$、すなわち1.159で除去費用2,000千円を除する（割算する）こととなる。

⑵　減価償却費は（取得原価20,000千円＋1,726千円）÷耐用年数5年＝4,345.2千円　この端数を四捨五入して4,345千円と計算する。利息費用は1,726千円×3％＝52千円（四捨五入）と計算する。

⑶　減価償却累計額の出し方については、毎年の減価償却費4,345.2千円（端数処理せず計算している）×5年＝累計額21,726千円と計算する。

財務諸表

連結財務諸表

出題【23年10月・問2／23年6月・問2、問3／22年10月・問4／22年6月・問3／21年10月・問2／21年6月・問2／20年10月・問3、問4】

基本問題

　P株式会社は令和X1年1月1日にS株式会社を設立し、設立時に発行する株式の全株を引き受け、全額、現金で払込みを行った。設立時に発行する株式は額面普通株式600株で、1株当たりの額面金額および発行価額は50,000円であった。決算日（令和X1年12月31日）の両社の個別貸借対照表は下記のとおりであった。

　(1)連結時のS社資本勘定とP社投資勘定の相殺消去仕訳を示し、(2)連結初年度の連結貸借対照表を作成しなさい。

P社貸借対照表
令和X1年12月31日
（単位：万円）

S社株式	3,000	諸負債	1,500
諸資産	9,000	資本金	7,500
		利益剰余金	3,000
	12,000		12,000

S社貸借対照表
令和X1年12月31日
（単位：万円）

諸資産	4,500	諸負債	900
		資本金	3,000
		利益剰余金	600
	4,500		4,500

☞本問のポイント

① 連結時の子会社の純資産を親会社の子会社株式と相殺する。

② 設立時に株式の全株を引き受け、払込みしているので、のれんは発生しない。

③ 連結財務諸表は、両社の個別財務諸表を単純合算、相殺消去して完成する。

解答欄（自己作成欄）

財

務

諸

表

問題理解と解答作成ポイント

　本問は、子会社を新規に設立して支配を獲得するケースである。会社の設立は、普通現金払込で行うので、資本連結の際の子会社資産および負債の時価評価の必要は発生しない。また、新規設立時には、普通のれんの評価の必要性も生じないから、のれんまたは負ののれんも発生しない。資本連結は、設立時（1月1日）のP社の投資勘定とS社の資本勘定を相殺して行う。その仕訳は解答例のとおりである。

連結精算表

（単位：万円）

勘定科目	P 社	S 社	修正・消去		連結財務諸表
（連結貸借対照表）					
S 社 株 式	3,000			3,000	
諸 資 産	9,000	4,500			13,500
合 計	12,000	4,500			13,500
諸 負 債	1,500	900			2,400
資 本 金	7,500	3,000	3,000		7,500
利益剰余金	3,000	600			3,600
合 計	12,000	4,500	3,000	3,000	13,500

（連結貸借対照表合計・連結財務諸表 13,500 一致）

　連結精算表上で両社勘定の合算、消去を行った後、連結財務諸表が作成される。

★関連事項

1　連結財務諸表

　連結財務諸表とは、支配従属関係にある2つ以上の会社から成る企業集団を単一の組織体とみなして、親会社が当該企業集団の財政状態および経営成績を総合的に報告する財務諸表である。すなわち、法律的に独立した2つ以上の会社であっても、経済的には一体と見られる親会社、子会社等の集まりを1つの企業グループと見て、親会社の立場から作成したものが連結財務諸表である。

2　連結の範囲

　連結財務諸表を作成するにあたっては、連結する会社の範囲を決定する
必要がある。支配力基準とは、たとえ株式の所有が過半数未満であっても、
取締役派遣、融資、技術供与、取引関係などを通して財務や経営の方針を
実質的に支配していれば、支配従属関係が存在するとみる基準である。

　日本基準における連結では、親会社は原則としてすべての子会社を連結
の範囲に含めなければならないとしたうえで、親会社、子会社を以下のよ
うに定義している。

　親会社とは、他の会社を支配している会社をいい、子会社とは、当該他
の会社をいう。

　他の会社を支配しているとは、他の会社の意思決定機関を支配している
ことをいい、次の場合には、当該意思決定機関を支配していないことが明
らかに示されない限り、当該他の会社は子会社に該当するものとする。

⑴　他の会社の議決権の過半数を実質的に所有している場合
⑵　他の会社に対する議決権の所有割合が100分の50以下であっても、
　　高い比率の議決権を有しており、たとえば、次のケースのように当該
　　会社の意思決定機関を支配している一定の事実が認められる場合
　①　議決権を行使しない株主が存在することにより、株主総会におい
　　　て議決権の過半数を継続的に占めることができると認められる場合
　②　役員、関連会社などの協力的な株主の存在により、株主総会におい
　　　て議決権の過半数を継続的に占めることができると認められる場合
　③　役員もしくは従業員である者またはこれらであった者が、取締役
　　　会の構成員の過半数を継続して占めている場合
　④　重要な財務および営業の方針決定を支配する契約などが存在する
　　　場合

　上記の子会社で他の会社を実質的に支配している場合、当該他の会社
（孫会社）も子会社とみなされる。ただし、子会社であっても、資産、売

上高などからみて重要性の乏しい子会社については連結の範囲から除くことができる。支配が一時的な会社、連結により利害関係者の判断を誤らせるような会社は、連結の範囲から除く。

3　関連会社

連結の範囲から除かれる非連結子会社および関連会社に対する投資については、持分法が適用となるが、この関連会社の範囲については、連結原則では次のように定義している。

関連会社とは、親会社および子会社が、出資、人事、資金、技術、取引等の関係を通じて、子会社以外の他の会社の財務および営業の方針決定に対して重要な影響を与えることができる場合における当該他の会社をいう。

次の場合には、子会社以外の他の会社の財務および営業の方針決定に重要な影響を与えることができないことが明らかに示されない限り、当該他の会社は関連会社に該当するものとする。

① 子会社以外の他の会社の議決権の100分の20以上を実質的に所有している場合（当該議決権の100の20以上の所有が一時的であると認められる場合を除く）

② 他の会社に対する議決権の所有割合が100分の20未満であっても、一定の議決権を有しており、かつ、当該会社の財務および営業の方針決定に対して重要な影響を与えることができる一定の事実が認められる場合

ただし、更生会社、整理会社、破産会社などであって当該会社の財務・営業方針に重要な影響を与えることができないと認められるときは、関連会社に該当しない。

4　日本基準とIFRS

(1)　連結の適用範囲（IAS27）

IFRSでは、連結財務諸表に親会社のすべての子会社を含めることとされている。組合等や特定目的会社などの事業体も含まれるとともに支配

の概念も広いので、いわゆる"連結外し"が難しい。また、日本基準のような連結除外の規定はない。

(2)　非支配持分（ＩＡＳ27）

連結について、日本基準は親会社説、ＩＦＲＳは企業体説に立脚しているものとみられる。

	ＩＦＲＳ	日本基準
親会社と非支配株主との取引	企業グループ内の取引とされる。	企業グループ外の取引とされる。
非支配株主の持分損益	親会社に帰属する包括利益と非支配持分に帰属する包括利益を並列的に表示	税金等調整前当期純損益から非支配持分に帰属する包括利益を控除して表示

(3)　子会社株式売却損（ＩＡＳ27）

ＩＦＲＳでは、子会社株式の売却損について、「支配の喪失を伴わないケース」と「支配の喪失を伴うケース」の２つに分けて会計処理される。

【ＩＦＲＳでの子会社株式と支配の関係】

	支配の継続	支配の喪失
連結との関係	連結	連結から外れる
取引の本質	損益取引	資本取引
取引の詳細	投資額について、公正価値で評価し、投資額と売却収入の差額を損益計上	親会社から少数株主への子会社持分の変動

(4)　のれんの開示

のれんの内訳を注記において開示することにより、のれんの減損リスクも把握しやすくなるものと考えられる。

なお、平成25年（2013年）９月13日付で連結会計基準が改正され、日本基準においても「少数株主持分」を、改正後は「非支配株主持分」と表示することになった。また、子会社株式を追加取得した場合に、追加取得分と追加投資額の差額について、従来は「のれんまたは負ののれん」として

処理することとされていたが、改正後は「資本剰余金」での処理とすることになった。

【連結外し】

　連結会計でのチェックポイントとして、連結範囲の妥当性を検討がある。

　連結範囲とは、親法人が支配関係を有する法人・団体のすべてである。

　企業経営では、親会社では多額の利益を計上していても、子会社は不振で損失を抱えているケースがある。その逆もある。

　連結会計は、連結グループの正しい財務内容を開示するために、親法人が支配関係を有する法人・団体をすべて取り込んで合算し決算するものである。

　しかし、実務では本来連結会計に取り込むべき子法人を取り込まずに見かけを変えようとする行為がみられる。これを「連結外し」という。

　①　連結グループでの利益を大きく見せるため、損失を計上している子法人を連結決算で合算対象としない。

　②　連結会計では、連結子会社同士などグループ内での金融取引や不動産取引で多額の損益を出しても相殺されて、連結会計で影響が出ない処理をするが、損失を生じる子法人を連結会計から除外する。

などの手法で「連結外し」が行われることがある。

　これは連結会計基準に反するので、粉飾決算である。

【基本問題解答例】

(1)

（単位：万円）

借　　方	金　　額	貸　　方	金　　額
資本金	3,000	S社株式	3,000

(2)

Ｐ社連結貸借対照表

（令和X1年12月31日現在）

（単位：万円）

諸　資　産	13,500	諸　負　債	2,400
		資　本　金	7,500
		利益剰余金	3,600
合　　計	13,500	合　　計	13,500

財　務　諸　表

応用問題

　P社は令和X1年1月1日にS社発行済株式の全部を5,400万円で取得した。同日のS社貸借対照表は資料1のとおりである（諸資産の帳簿価額と時価は一致しているものとする）。令和X1年12月31日の両社の貸借対照表は資料2のとおりである。

　(1)資本連結のための仕訳を行い、(2)連結貸借対照表を作成しなさい。

　なお、本問はのれんの償却を無視するものとする。

資料1　株式取得日のS社貸借対照表

S社貸借対照表
令和X1年1月1日
（単位：万円）

諸資産	6,000	諸負債	1,200
		資本金	3,000
		資本準備金	1,500
		利益剰余金	300
	6,000		6,000

資料2　連結決算日の両社の貸借対照表

P社貸借対照表
令和X1年12月31日
（単位：万円）

S社株式	5,400	諸負債	2,700
諸資産	9,300	資本金	7,500
		資本準備金	3,000
		利益剰余金	1,500
	14,700		14,700

S社貸借対照表
令和X1年12月31日
（単位：万円）

諸資産	6,750	諸負債	1,800
		資本金	3,000
		資本準備金	1,500
		利益剰余金	450
	6,750		6,750

☞**基本問題との相違点**

① のれんが発生する。

② 子会社資本準備金があるので、資本勘定として相殺消去。

【応用問題解答例】

(1)　　　　　　　　　　　　　　　　　　　　　（単位：万円）

借　方	金　額	貸　方	金　額
資本金	3,000	S社株式	5,400
資本準備金	1,500		
利益剰余金	300		
のれん	600		

(2)　　　　　　　　　P社連結貸借対照表
　　　　　　　　　（令和X1年12月31日現在）
　　　　　　　　　　　　　　　　　（単位：万円）

諸　資　産	16,050	諸　負　債	4,500
の　れ　ん	600	資　本　金	7,500
		資本準備金	3,000
		利益剰余金	1,650
合　　計	16,650	合　　計	16,650

～ *follow up* ～

連結財務諸表の作成ポイント

　連結財務諸表は、基本的には連結グループ内のそれぞれの会社の個別財務諸表の各勘定科目の金額を合算および消去して作られるわけであるが、この合算および消去にあたっては、次にあげるような連結上の手続が必要である。

①　子会社の資産・負債の時価評価
②　親会社の投資勘定と子会社の資本勘定との相殺消去
③　連結会社間の債権債務の相殺消去
④　連結会社相互間の取引高の相殺消去
⑤　連結会社相互間の取引において発生した未実現損益の消去

(1)　投資勘定と資本勘定の相殺消去

　親会社の子会社に対する投資勘定とこれに対応する子会社の資本勘定とが相殺消去される（資産、負債の時価評価による評価差益分を含む）。親会社の投資勘定と相殺消去されるのは、子会社の資本勘定のうち、取得時の親会社持分額である。上述の親会社

の投資勘定とこれに対応する子会社の資本勘定の親会社持分額とは、必ずしも一致するわけではない。そこで、両勘定の相殺消去にあたっては消去差額がある場合、その差額については「のれん」という科目を設け、これによって処理される。

　のれんは、子会社の資本勘定のうち取得時の親会社持分の金額が投資原価より小さいときは借方に生じ、反対に大きいときは貸方に「負ののれん」が生じる。以上の資本勘定と投資勘定の相殺消去の処理を仕訳により示すと、次のようになる。

借　　方	金　額	貸　　方	金　額
資本金(子会社) 利益剰余金(子会社) のれん	×× ×× ××	子会社株式(親会社)	××

(2)　非支配株主持分

　子会社の資本勘定のうち、親会社の持分に属さない部分は、親会社以外の外部株主、すなわち非支配株主の持分である。この非支配株主の持分は、子会社の資本勘定から「非支配株主持分」勘定に振り替えられる。

　非支配株主持分は、資本でも負債でもない連結財務諸表固有の項目であるため、連結貸借対照表においては、純資産の部の末尾に非支配株主持分の科目をもって記載される。

(3)　債権と債務の相殺消去・未実現損益

　連結会社相互間の取引は、連結会計では内部取引とみられるので、相殺消去する必要がある。このうち、貸借対照表の作成に関しては、債権債務の相殺消去の手続が必要である。

　また、損益計算書では、親・子会社間および子会社相互間における商品の売買その他の取引にかかわる項目が、連結決算上消去される。

　連結会社相互間において、商品・製品の売買、不動産取引その他で取引が行われ、そこで損益が発生した場合、これらの資産が企業集団の内部にとどまっているときは、その損益を未実現損益として消去しなければならない。

　ただし、日本基準では未実現損失については原則として消去しない。

（注）平成25年（2013年）9月13日付で連結会計基準が改正され、「少数株主持分」を、改正後は「非支配株主持分」と表示することになった。また、子会社株式を追加取得した場合に、追加取得分と追加投資額の差額について、従来は「のれんまたは負ののれん」として処理することとされていたが、改正後は「資本剰余金」での処理とすることになった。

〈合併比率と交付株式数〉

〈合　併〉

2016年6月（134回）・問4より

　下記の〈資料〉にもとづいて、次の設問に答えてください。なお、C社はD社を平成X7年4月1日に吸収合併しました。
⑴　C社およびD社の1株当りの企業評価額を、計算過程を示して算出しなさい。なお、評価は純資産価額法で行うこととする。
⑵　C社を1として、合併比率を計算過程を示して算出しなさい。なお、小数点以下3位を四捨五入のこと。
⑶　D社の株式に対して交付する株式の総数（株式交付数）を、計算過程を示して算出しなさい。
⑷　企業結合日における合併仕訳を示しなさい。なお、使用する勘定科目は、下記〈勘定科目欄〉から選択すること。

〈資料〉

①　平成X7年3月31日における、C社およびD社の識別可能な諸資産および諸負債の時価（公正価値）は、次のとおりである。
　　C社：諸資産　15,400百万円、諸負債6,400百万円
　　D社：諸資産　4,400百万円、諸負債2,300百万円
②　C社の発行済株式総数は6,000株、D社の発行済株式総数は2,000株である。
③　C社がD社株主に交付するC社株式は、すべて新株である。なお、企業結合日におけるC社の株価は、1株当り1.9百万円である。また、C社の増加する資本金の額は、会

社法が定める最低限度額とする。
④ C社とD社は同一の企業集団に属していない（連結の関係にはない）。

〈勘定科目欄〉

諸資産	自己株式	現金預金	C社株式
負ののれん発生益	のれん	D社株式	資本金
新株予約権	資本準備金	諸資産	
利益準備金	非支配株主持分		

〈解答例〉

(1) C社：諸資産15,400百万円－諸負債6,400百万円
　　　　　＝9,000百万円
　　　　　9,000百万円÷6,000株＝1.5百万円
　　　　　　　　　　　　　　　　（答）　1.5百万円
　　D社：諸資産4,400百万円－諸負債2,300百万円＝2,100百万円
　　　　　2,100百万円÷2,000株＝1.05百万円
　　　　　　　　　　　　　　　　（答）　1.05百万円

(2) 1：1.05／1.5＝1：0.70　　　（答）　1：0.70

(3) 2,000株×0.7＝1,400株　　　（答）　　1,400株

(4)

（単位：百万円）

借　　方	金　　額	貸　　方	金　　額
諸資産	4,400	諸負債	2,300
のれん	560	資本金	1,330
		資本準備金	1,330

〈解　説〉

　合併とは、会社法の規定にもとづき、複数の会社が1つの会社になることをいう。

　連結財務諸表は、法的に独立した2つ以上の会社を会計上のみ単一の組織体とみなすが、合併は単一の会社になるものである。

(1) 本問は、合併当事会社の1株当り企業評価額の算定を、「純資産価額法」で行うこととしている。「純資産価額法」

による１株当り企業評価額の算出は次のとおりである。

C社：純資産：諸資産15,400百万円－諸負債6,400百万円
＝9,000百万円

１株当り純資産額：純資産9,000百万円÷発行済株式総数
6,000株＝1.5百万円

D社：純資産：諸資産4,400百万円－諸負債2,300百万円
＝2,100百万円

１株当り純資産額：純資産2,100百万円÷発行済株式総数
2,000株＝1.05百万円

(2)　合併比率は、合併当事会社の「１株当り純資産額」を比較することにより算定する。

C社1.5百万円：D社1.05百万円＝１：0.70

(3)　C社（合併会社）がD社（被合併会社）株主に対する株式交付数は、「D社発行済株式数×合併比率」により算定される。

D社発行済株式数2,000株×合併比率0.7＝1,400株

(4)　本問においては、問題文中に記載のある次の①〜③の条件に従い仕訳を行う。

①　C社がD社株主に交付するC社株式は、すべて新株を発行する。

②　企業結合日におけるC社株式の時価（公正価値）は、１株当り1.9百万円とする。

C社株式発行価額：1.9百万円×1,400株＝2,660百万円

③　C社の増加する資本金の額は、会社法が定める最低限度額とする。

会社法は、原則として発行価額の全額を資本金に組み入れることとしているが、発行総額の最低２分の１までは、資本金に組み入れないことも認めている。したがって、本問では2,660百万円のうち、1,330百万円を資本金に組み入れ、残りの半額1,330百万円を資本準備金に組み入れる。

なお、合併により取得した純資産（諸資産－諸負債）と新株式発行価額との差額は、「のれん」または「負ののれん発生益」として認識する。

本問のケースの場合は、新株式発行価額2,660百万円が、合

　併により取得した純資産2,100百万円（＝4,400百万円－2,300
百万円）を560百万円上回っているので、その差額分を「のれ
ん」として計上する。
　合併時の仕訳を示すと次のようになる。

（単位：百万円）

借　方	金　額	貸　方	金　額
諸資産	4,400	諸負債	2,300
のれん	560	資本金	1,330
		資本準備金	1,330

セグメント情報の分析

基本問題

　下記のH社（年1回、3月末日決算）の連結財務諸表に関する〈セグメント情報（抜粋）〉にもとづいて、次の設問に答えなさい。

(1)　甲事業および乙事業における次の比率を、計算過程を示して算出しなさい。なお、計算にあたっては、小数点以下第2位を四捨五入のこと。

　　①　連結売上高に対する各事業の売上高の割合（％）

　　②　連結総資産に対する各事業の使用資産の割合（％）

(2)　甲事業および乙事業における次の諸指標の数値を、計算過程を示して算出しなさい。なお、計算にあたっては、小数点以下第2位を四捨五入のこと。

　　①　総資本（総資産）回転率（回）

　　②　売上高営業利益率（％）

(3)　甲事業および乙事業の総資本（総資産）営業利益率を算出し、その数値の違いについて、上記(2)で算出した諸指標の数値を中心に簡潔に述べなさい。

〈セグメント情報（抜粋）〉　　　　　　　　　　　　　　　（単位：百万円）

	甲事業	乙事業	合計	調整額	連結財務諸表計上額
売上高					
外部顧客への売上高	4,620	1,380	6,000	—	6,000
セグメント間の内部売上高または振替高	—	—	—	—	—
計	4,620	1,380	6,000	—	6,000
セグメント利益または損失（△）	231	207	438	—	438
セグメント資産	2,310	690	3,000	—	3,000

（注）　「セグメント利益または損失（△）」の金額は、H社の連結財務諸表の「営業利益（または営業損失）」の金額と一致しており、「セグメント資産」の金額は、H社の連結財務諸表の「総資産」の金額と一致している。

解答欄（自己作成欄）

問題理解と解答作成ポイント

　本問は、〈セグメント情報〉にもとづき、各事業の総資本（総資産）回転率、売上高営業利益率、総資本（総資産）営業利益率などの数値を算出し、その数値から各事業の違い等を分析する問題である。

　連結財務諸表上の子会社には、親会社と事業内容が全く異なる子会社や、在外子会社が含まれる場合がある。また、事業内容を多角している親会社も存在する。そのため、連結財務諸表には、事業の種類別や所在地別など、企業の部門別に売上高や利益などを区分したセグメント情報が注記されている。

　セグメント情報には、収益・費用が発生する事業活動のうち、企業内部の経営管理の目的で区分し、他と分離された情報を集計している部門を「事業セグメント」として識別する。セグメント情報等の開示に関する会計基準においては、それらのうち、売上高・利益・資産のいずれかが10％以上のものを「報告セグメント」として扱い、売上高・営業利益・資産などの金額を部門別に記載するとされている。

　本問の場合、投下した総資産からどれほど営業利益をあげることができたかを示す総資本（総資産）営業利益率は、以下のとおり、甲事業が10.0％であるのに対し、乙事業は30.0％と高くなっている。

　甲事業の総資本（総資産）営業利益率＝営業利益÷総資産

　　　＝231百万円÷2,310百万円×100％＝10.0％

　乙事業の総資本（総資産）営業利益率＝営業利益÷総資産

　　　＝207百万円÷690百万円×100％＝30.0％

　また、総資本（総資産）営業利益率は、以下のとおり総資本（総資産）回転率と売上高営業利益率に分解することができる。

総資本（総資産）営業利益率＝総資本（総資産）回転率×売上高営業利益率

　総資本（総資産）回転率は、甲事業および乙事業とも2.0回で同じであ

財　務　諸　表

ることから、資本の効率的な運用の観点では違いがないことがわかる。な
お、本問の場合、設問(1)のとおり、連結売上高に対する甲事業と乙事業の
割合は77.0%と23.0%となっており、連結総資産の甲事業と乙事業の割合
も77.0%と23.0%となっている。これは両事業の総資本（総資産）回転率
が2.0回で同じだからである。

　また、売上高営業利益率については、甲事業が5.0%と低いのに対し乙
事業は15.0%と高いことから、本来の事業活動による収益の獲得効率は乙
事業の方が高いことがわかる。

　以上のとおり、乙事業の総資本（総資産）営業利益率が甲事業に比べて
高いのは、総資本（総資産）回転率によるものではなく、売上高営業利益
率の違いによることがわかる。

〈計算過程〉

	甲事業	乙事業	（連結）
売上高の割合	4,620÷6,000×100 =77.0%	1,380÷6,000×100 =23.0%	6,000÷6,000×100 =100.0%
使用資産の割合	2,310÷3,000×100 =77.0%	690÷3,000×100 =23.0%	6,000÷6,000×100 =100.0%
売上高営業利益率	231÷4,620×100 =5.0%	207÷1,380×100 =15.0%	438÷6,000×100 =7.3%
総資本(総資産)回転率	4,620÷2,310 =2.0回	1,380÷690=2.0回	6,000÷3,000 =2.0回
総資本(総資産)営業利益率	231÷2,310×100 =10.0%	207÷690×100 =30.0%	438÷3,000×100 =14.6%

★**関連事項**─────────────────────────────

　企業集団の作成する連結財務諸表によって、利害関係者は企業集団全体の財務内容を把握することができる。

　しかし、企業集団が多角化して事業展開しているような場合には、どのような事業分野から利益を得ているのか、あるいは損失を生じているのか等は連結財務諸表のみでは読み取れない。

　そこで、制度会計上は、連結情報にはセグメント情報という事業内容ごとに区分した計算書を作成することが求められている。

　また、管理会計の観点からもセグメント情報は重要な意思決定資料になり、有用な経営情報になる。

　セグメント情報をもとに、それぞれの事業ごとに損益や資産の数字を見ていくことで、それぞれの事業分野からの損益や営業キャッシュ・フローの状態を把握したり、セグメントごとの財務分析をすることによって将来有望な事業分野はどの分野かなどを検討する材料となる。

　また、内部売上高の規模を把握することで、企業集団の取引関係の密接さや商流などを推測することも可能である。個別財務諸表の売上げ規模が大きく内部取引で相殺消去される金額も大きければ、企業集団内部での商品・製品のやり取りが非常にたくさん行われていることがわかる。

　セグメントの分け方としては、事業内容ごとの事業セグメントと地理的に区分した所在地別セグメントの2種類が使われている。

財

務

諸

表

【基本問題解答例】

(1)　①甲事業：4,620百万円÷6,000百万円×100＝77.00%→77.0%

　　　　乙事業：1,380百万円÷6,000百万円×100＝23.00%→23.0%

　　　②甲事業：2,310百万円÷3,000百万円×100＝77.00%→77.0%

　　　　乙事業：690百万円÷3,000百万円×100＝23.00%→23.0%

(2)　①甲事業：4,620百万円÷2,310百万円＝2.00回→2.0回

　　　　乙事業：1,380百万円÷690百万円＝2.00回→2.0回

　　　②甲事業：231百万円÷4,620百万円×100＝5.00%→5.0%

　　　　乙事業：207百万円÷1,380百万円×100＝15.00%→15.0%

(3)　総資本（総資産）営業利益率は、甲事業10.0%、乙事業30.0%である。総資本（総資産）営業利益率は、総資本（総資産）回転率と売上高営業利益率に分解できる。総資本（総資産）回転率は、両事業とも2.0回で同じだが、売上高営業利益率は、甲事業5.0%に対して、乙事業は15%と10ポイント高い。

　　以上より、総資本（総資産）営業利益率の違いは、総資本（総資産）回転率ではなく、売上高営業利益率の違いによっている。

税効果会計

出題【23年10月・問5／22年6月・問4／20年10月・問5】

基本問題

　A社の06期の課税所得等の計算等に必要な資料は、次のとおりである。なお、会社の財務内容は優良で繰延税金資産の回収可能性についてスケジューリングしても問題点はなく、税務上の繰越欠損金もないものとする。

〈資料〉
資本金　2億円
税金計算前残高試算表
　税引前当期純利益　　　　　　　　　　51,400,000円
申告調整項目
　加　　算
　　減価償却超過額　　　　　　　　　　　1,500,000
　　賞与引当金超過額　　　　　　　　　　4,200,000
　　交際費の損金不算入額　　　　　　　　1,200,000
　　　　　計　　　　　　　　　　　　　　6,900,000
　減　　算
　　受取配当の益金不算入額　　　　　　　　600,000
所得金額により法人税等を計算する際に用いる税率
　法人税率27％、住民税率21％（法人税額に対する税率）
　事業税率10％（地方法人特別税を含む）
　　　　　　　　　　　（均等割はないものとする）
本問の法定実効税率は、30％として計算する。

(1)　所得金額および法人税等の税額を計算しなさい。

(2)　税金計上額の仕訳を示しなさい。

(3)　税効果の計算を以下の様式にそって行い、空欄を埋め、その仕訳を示しなさい。

税効果の計算

① 一時差異の分類

繰延税金資産

| 未払事業税 | 5,770,000 |

| 合　計 | ☐円 |

② 繰延税金資産の計算

（計算式）☐ = ☐円

③ 仕　訳

（単位：円）

借　方	金　額	貸　方	金　額

☞本問のポイント

① 　会計上の利益に申告調整項目を加算もしくは減算して所得金額を算定
する。
② 　所得金額に法人税の税率を乗じて、税額を計算、集計する。地方税に
ついては、事業税の所得割は所得に税率を乗じるが、住民税の法人割は
法人税額に住民税の税率を乗じる。
③ 　税金計上額を仕訳して会計処理する。
④ 　一時差異項目を分類計上する。
⑤ 　一時差異項目ごとの金額に法定実効税率を乗じ、繰延税金資産の額を
算定する。
⑥ 　繰延税金資産を貸借対照表に計上し、有価証券の評価差額金や繰延欠
損金等がない場合には、同額を「法人税等調整額」として損益計算書に
計上する。

財
務
諸
表

解答欄（自己作成欄）

問題理解と解答作成ポイント

　税務上の申告調整項目のうち、加算の交際費と減算の受取配当金は、永
久差異であって一時差異ではないので、税効果会計の対象とはならない。
　税効果会計において計算する税率は、実際に使われる税率をもとに下記
の計算式により算定したものである。

$$\frac{法人税率×(1＋地方法人税率＋住民税率)＋事業税率＋(事業税標準税率×地方法人特別税率)}{1＋事業税率＋(事業税標準税率×地方法人特別税率)}$$
＝法定実効税率

　一時差異には、将来減算一時差異と将来加算一時差異の2つがあり、こ
のうち、将来減算一時差異は、一時差異が生じた事業年度の課税所得の計
算上加算され、その後その差異が解消する事業年度で課税所得の計算上減
算されて解消事業年度の税金を減額する効果を持つものをいう。会計上、
将来減算一時差異が生じた場合には、税金の前払いとしての性格を有する
ため、貸借対照表に繰延税金資産として計上するとともに、損益計算書の
法人税等の金額を法人税等調整額として減額する。

★関連事項

1　税効果会計とは

　税効果会計とは、会計上と税務上の収益・費用の計上が異なっていたり、
また会計上と税務上の資産・負債の額が異なっている場合に、法人税等を
適切に期間配分するための会計処理をいう。ここでいう法人税等とは、法
人税、住民税および利益に関する金額を課税標準とする事業税をいう。税
効果会計を適用しない場合は、課税所得を基礎とした法人税等の額が計上
され、会計上の利益と課税所得とに差異があるときは、その差異が財務諸
表に反映されないことになり、このために法人税等が税引前当期純利益と

期間的に対応せず、その影響が重要な場合は、財務諸表の比較可能性を損なうことになる。

　会計上の利益と課税所得との差異には、一般に、永久差異と一時差異とがある。たとえば、交際費の損金算入限度超過額は、次期以降も損金算入できないので永久差異に該当し、期間配分の対象とならない。これに対して、貸倒引当金を限度を超過して繰り入れたことによって生じた差異は、次期に貸倒引当金を取り崩した時点で解消されるものであり、一時差異に該当する。減価償却費の限度超過額も一時差異に該当する。

税効果会計の適用対象

一時差異
- 個別財務諸表で生じたもの
  ・各連結会社の課税所得額と税引前利益の差異のうち、収益や費用の帰属年度の相違に起因する額（各連結会社の個別貸借対照表に計上された資産・負債の金額と税務上の評価額の差異）、繰越欠損金　他
- 連結決算上で生じたもの
  ・子会社の資産や負債の時価評価によって生じた評価差額で、課税所得の計算に含まれていない額
  ・未実現利益の消去額ほか繰越欠損金のうち、将来の課税所得との相殺が可能な額

　このような一時差異には、①収益・費用の帰属年度の相違により生じるような、各連結会社の課税所得の合計額と、連結財務諸表上の税金等調整前当期利益との差額、および②子会社の資産・負債の時価評価額により生じた評価差額のうち、課税所得の計算に含まれていないものがある。①について、連結財務諸表では個別財務諸表の段階ですでに生じた差異だけでなく、連結上の修正消去仕訳の結果として生じる差異があることに注意を要する。未実現利益の消去額は、課税対象となる企業別の利益計算では考慮されないため、連結でのみ発生する一時差異である。

　また、ある年度で会計上多額の当期純損失が発生した場合、税務上申告調整しても所得がマイナスの場合にはその金額を将来の一定年度の課税所

得から控除することが認められているので、将来の課税所得と相殺可能な
繰越欠損金も、一時差異と同様に取り扱うものとされている。

2　税効果会計の適用と方法

　これらの項目に対して税効果会計を適用する場合は、一時差異にかかわ
る税金の額は、将来の会計期間において回収または支払が見込まれない税
金額を除き、繰延税金資産または繰延税金負債として計上しなければなら
ない。一時差異によって課税所得が税引前利益より大きくなっている場合
には、課税所得を基礎とする納税義務額のうち、税引前利益に対応した本
来の税金費用額を超過して過大になっている部分は、税金の前払いを引き
起こすため、次の仕訳により資産へ振り替える必要がある。

借　　方	金　　額	貸　　方	金　　額
繰延税金資産	××	法人税等調整額	××

　逆に、一時差異に起因して税引前利益のほうが課税所得より大きければ、
課税所得に対応する納税義務額を費用計上しただけでは、税引前利益に見
合う額に満たないから、次の仕訳によって税金費用を追加計上しなければ
ならない。

借　　方	金　　額	貸　　方	金　　額
法人税等調整額	××	繰延税金負債	××

3　日本基準とIFRS

【法人所得税（税効果会計）（IAS12）】

　IFRS、日本基準ともに各期末の報告日現在で再検討する。日本基準
は日本公認会計士協会が回収可能性についてのルールを設定している。

　IFRS適用になった場合、自社において繰延税金資産の計上基準を設
定する必要が生じる。

	I F R S	日本基準
繰延税金資産	・回収可能性について毎期見直しする。 ・回収可能性に疑問があるときには資産計上できない。	・回収可能性に関しては厳しいルールがある。 ・評価性引当額がある。
未実現利益の消去と税効果	・規定はない ・買い手の税率	・繰延法による ・売り手の税率
表示	繰延税金資産・負債は非流動項目として表示	繰延税金資産・負債は非流動として表示

　回収可能性の判断については、IFRSよりも日本基準のほうが厳しいといわれている。

【基本問題解答例】

(1)　51,400,000＋6,900,000－600,000＝57,700,000円

　　税額の計算

　　法人税　57,700,000×27％＝15,579,000円

　　住民税　15,579,000×21％＝　3,271,590円

　　事業税　57,700,000×10％＝　5,770,000円

　　　　　　　　　　　　　　　　24,620,590円

(2)
（単位：円）

借　方	金　額	貸　方	金　額
（法人税等）	24,620,590	（未払法人税等）	24,620,590

(3)　①　一時差異の税効果

　　　繰延税金資産

　　　| 賞与引当金繰入限度超過額 |　| 4,200,000 |

　　　未払事業税　　　　　　　　5,770,000※

財

務

諸

表

| 減価償却超過額 | 1,500,000 |
| 合　計 | 11,470,000 円 |

（注）　事業税は納付時に課税所得の計算上減算されるので、一時差異に該当する。

※（51,400,000＋6,900,000－600,000)×10%

② 繰延税金資産の計算

$$11,470,000 \times 30\% = 3,441,000 \text{ 円}$$

③ 仕　訳

(単位：円)

借　　方	金　　額	貸　　方	金　　額
繰延税金資産	3,441,000	法人税等調整額	3,441,000

~ follow up ~

1．基本問題（1）の仕訳を決算書上に計上、表示したものが次のB／S、P／Lである。

貸借対照表（抜すい）

B社　　　　　　　　　　　　　　　　　　（単位：円）

流動資産		流動負債	
○○○○		○○○○	
⋮		未払法人税等	24,620,590
固定資産			
○○○○			
繰延税金資産	3,441,000		

損益計算書（抜すい）

B社　　　　　　　　　　　　　　　　　　（単位：円）

税引前当期純利益		51,400,000
法人税、住民税及び事業税	24,620,590	
法人税等調整額	△ 3,441,000	21,179,590
当期純利益		30,220,410

財務分析

財務分析

本編のガイド　　重要項目の要点整理──ここがポイント！

財務分析の方法

　財務分析といってもその方法にはいろいろなものがあります。財務分析の実務で頻繁に使われる分析手法としては以下の2つがあります。
○比率法
○実数法

一般的な財務分析

　財務分析を行うにあたって、その着眼ポイントをどこにおくかということは分析の目的により、また分析者によっていろいろな見方があります。一般的な分析のポイントとしては以下の4つがあります。
○収益性分析……企業の収益力がどの程度であるか、どの程度の利益をあげているかを見るもの
○生産性分析……収益性分析よりも広い立場から、企業の能率を測定するために必要となるものであり、収益性分析と比較関連して使用するもの
○安全性分析……企業における資金の運用と調達の状況がバランスのとれたものであるか、それによって長期的および短期的な資金繰りが安全であるかどうかを見るもの
○成長性分析……企業活動の量的あるいは質的な発展度合いを検討評価するもの

その他の分析

　一般的な分析のほかに以下のような資金表等を使用した分析手法があります。それぞれの資料の見方、型、作成方法、項目、様式等について確実に覚えておきましょう。
　○資金運用表による分析
　○資金繰表による分析
　○運転資金による分析
　○資金移動表による分析
　○キャッシュ・フロー計算書による分析　／他

比率の算出方法

　財務分析を行う際、必要となる比率等を求める公式が多数あります。問題を解く際必要となりますので、代表的な公式については確実に覚えておきましょう。また、算出した比率が何を意味しているのかも理解しておきましょう。
　○売上高経常利益率
　○総資本回転率
　○総資本経常利益率
　○損益分岐点
　○流動比率
　○自己資本比率
　○安全余裕率　／他

財務分析

財務分析一般

基本問題

　　財務分析における収益性と安全性の関連性について、簡単に述べなさい。

☞本問のポイント

①　長期的に見れば、収益性と安全性は相容れる。

②　短期的に見れば、収益性と安全性は相容れない面がある。

③　事業内容を理解するとともに会計数値と関連づける。

解答欄（自己作成欄）

問題理解と解答作成ポイント

　収益性と安全性とが相互に関連しあっていることについての認識は一般
に知られていると思うが、もう少しつぶさにこの実態を洗ってみると、意
外と正しくとらえられていないことが多い。この両者の関連は、表現はあ
まり適当でないが、比例する関連性と反比例する関連性の両面があると考
えられる。これを、収益性と安全性の水準やよしあしの面から見ると、収
益性が向上すると安全性も向上する面と、収益性が向上すると安全性が悪
化する面の両面があるということである。

　ところが、この種の問題に対する解答としては、その両面にふれるもの
は少なく、片面しかふれられないことが多い。

　どちらかといえば、収益性よければ安全性もまたよしという関連性は、
比較的理解しやすいと思われる。しかし、同時によく俗にいわれる「勘定
合って銭足らず」ということ。すなわち「勘定合って」はもうける、すな
わち収益性、「銭足らず」は資金不足、すなわち安全性にそれぞれつなが
ることであり、収益性はあがっても安全性がそれに伴わないということを
いっている。それが、収益性が必ずしも同じ方向で動かず、逆の方向で関
連しあうことであるから、本問ではこの面の指摘も必ずしてほしい。この
両面の関連性は、また、長期的観点と短期的観点とに分けてみると一層明
らかになる。

財務分析

★関連事項

1 財務諸表の形式・内容上のチェック・ポイント

貸借対照表のチェックポイント

借方科目	主な注意事項	貸方科目	主な注意事項
現金預金	資金が実在するか？	買掛金・支払手形	簿外債務がないか？ 融通手形はないか？
売掛金・受取手形	回収可能性を検討する。 貸倒引当金の妥当性を検討する。	短期借入金 長期借入金	簿外債務がないか？
棚卸資産	実地棚卸は行っているか？	未払法人税等	法人税等の計算は申告書と一致するか？
仮払金	長期残はないか？ 内容は妥当か？	仮受金	長期残はないか？ 内容は妥当か？
前払費用	長期残はないか？ 内容は妥当か？	未払費用	請求書の裏付けを有するか？
貸付金	役員・関連会社への貸付は妥当か？ 回収可能か？	預り金	残高は適正か？ 長期残はないか？
有形固定資産	資本的支出と修繕費との区分は適切か？ 実物はあるか？ 減価償却は適正か？	賞与引当金	計算は妥当か？
無形固定資産	法的権利は実在しているか？ 償却は適正か？	退職給付引当金	計算は妥当か？
投資等	回収可能か？	保証債務	未払計上・中期の内容は適正か？
繰延税金資産	一時差異に節税効果が認められるか？	資本金	法人登記簿の資本金と一致しているか？
繰延資産	内容は適切か？ 償却は正しいか？		

　貸借対照表の借方側は資産科目ですので、チェックの要点としては、

①　資産には実在性があるか？（架空の資産が計上されていないか？）

② 資産に投下された資金が回収できるか？利用価値があるか？（含み損がないか）

③ すべての資産が計上されているか？

④ 繰延税金資産の計算基礎（一時差異）は法人税の申告（別表4・5・7）と整合しているか？

というような視点でチェックします。

　これに対して貸借対照表の貸方の負債項目は、チェックの要点として、

① すべての負債（債務）が計上されているか？（負債の網羅性）

② 売上などの収益項目が紛れ込んでいないか？

③ 長期間変化がない項目がないか？

というような視点でチェックします。

損益計算書のチェックポイント

借方科目	主な注意事項	貸方科目	主な注意事項
売上原価	架空・過大の原価計上はないか？ 計上期間のズレはないか？	売上高	架空売上の計上はないか？ 売上漏れはないか？ 計上期間のズレはないか？
販売費及び一般管理費	架空の費用計上はないか？ 計上期間のズレはないか？		
（営業利益）		（営業損失）	
営業外費用	雑支出の内容を確認する。	営業外収益	雑収入の内容を確認する。
（経常利益）		（経常損失）	
特別損失	内容を確認する。	特別利益	内容を確認する。
（税引前当期純利益）		（税引前当期純損失）	
法人税、住民税及び事業税	法人税申告書の数字と一致しているか？		
（当期純利益）		（当期純損失）	

財務分析

　損益計算書のチェックの要点としては、

①　法人税の申告書（特に別表4と5）において、加算・減算項目として損益計算書の修正を入れている項目はないか？

②　売上高や仕入高は実在する取引に基づくか？（架空売上・架空仕入は無いか？）

③　売上高や仕入高はカットオフのエラー（期ズレ）がないか？

④　経費項目は事業に関連するものか？（個人的な経費の付け替えなどはないか？）

というような視点でチェックします。

⑤　雑収入、雑支出、雑費、その他経費の項目などは、その内容を確かめる。

　財務諸表について、監査法人（公認会計士）や監査役・監事の監査報告書が添付されている場合には、監査意見を必ずチェックするようにします。

　顧問税理士と連絡がとれるような場合は、顧問税理士に財務諸表の疑問点などを問い合わせてみるのも有効でしょう。

2　企業実態の量的側面と質的側面

　信用調査を行うにあたって、財務分析の結果を使わないということは、ほとんどない。それほど財務分析は信用調査には欠かせないものとなっている。もちろん、財務分析が万能であるわけではなく、粉飾の可能性を理由に財務分析は役立たないという人もあるが、そういう人でも財務分析を結構活用して信用調査を行っている。それは、財務分析が信用調査や分析の実務ではかなり役立っていることを物語るものであろう。

　しかし、財務分析をすすめるには、それだけで判断することなく、計数では表現できない企業の人、物の面と関連づけて検討することが肝要である。計数化されたものは一般に客観的に評価しやすいが、その計数を見る場合には、計数化できないものとの関連づけを考えて判断することが的確

な実態分析につながる。企業実態には計数で示される定量的情報（量的側面）と計数化できない定性的情報（質的側面）の両面があるので、この両者をにらみ、両者を総合した判断が財務分析では大切である。

3 比率法と実数法

財務分析の分析手法は、次の2つに大別される。

(1) 比率法

ある2つの項目相互間の数値の割合を比率として算出し、それによって一定の事実や傾向を判断する方法である。この比率は、関係比率、構成比率、趨勢比率の3つに分けられる。

関係比率とは、関係のある諸項目相互間の割合を示す比率で、流動比率（$\frac{流動資産}{流動負債}\times100$）、売上高利益率（$\frac{利益}{売上高}\times100$）などがそれであり、実務で使われる比率としては最も多い。

構成比率とは、全体を構成するある項目の全体に対する割合を示すもので、自己資本比率（$\frac{自己資本}{総資本}\times100$）はその典型的なものである。ちなみに自己資本は新株予約権があるときには純資産－新株予約権で計算する。貸借対照表の分析において、資産合計および負債・資本合計を100%とした場合の各項目の構成比率を算出した百分率貸借対照表は、この構成比率を一表にまとめたものである。

趨勢比率とは、ある項目の数期間の趨勢をさぐるもので、最初の基準年度を100%とし、それ以降の年度の数値を百分比によって示すものである。売上高、利益などを趨勢法により算出し、企業の成長性をさぐることはよく行われる。

(2) 実数法

実数法とは、ある項目の数値の期間的な変化を実数によってとらえ、実数による増減額から一定の事実や傾向を判断する方法である。資金繰り分析における資金運用表などが実数法の例である。

財 務 分 析

【基本問題解答例】

　収益性と安全性とは、それぞれ異なった観点から企業をみるものであるが、両者は2つの面から関連しあっている。

　まず、長期的には、収益性が高ければそれは安全性の維持につながるといえる。すなわち、収益があがりその資金が蓄積されていけば、やがて安全性の増大につながる。逆に、収益性が低ければやがて安全性を損うことになり、両者は相容れる関係にあるといえる。

　しかし、短期的にみると、収益性が高くても資金繰りに窮することがある。売上が伸びて収益はあがっても、回収が長引いたり、在庫が増えたりすると、資金繰りは悪化する場合がある。また、安全性の点からは資金繰り上、手許現金預金を豊富に持つことが好ましいが、それは一方では資金効率の低下につながり、収益性を悪くさせる。

　したがって、短期的には収益性と安全性とは相容れないこともあるといえよう。

┌───┐
│　　　　　　　　　　　　　　応 用 問 題　　　　　　　　　　　　　　　│
│　　　信用調査における財務分析の役割と、これを行う場合の留意点につ　│
│　いて簡単に述べなさい。　　　　　　　　　　　　　　　　　　　　　　　│
└───┘

☞ 基本問題との相違点

① 　財務分析は信用調査のなかの要である。

② 　量的側面の定量的分析でとらえるだけでなく、質的側面である定性
的情報と関連づけることが肝要である。

③ 　事業の内容を把握、理解するとともに、それが会計数値にどのよう
に反映されているかを検討する。

財

務

分

析

【応用問題解答例】

　財務分析は、信用調査の技法のなかではきわめて有力なものであり、実務ではその中心的な技法として大いに役立つ。

　しかし、企業活動は人、物、金の3要素が結合されてはじめて可能となるものであり、企業の真の実態はこれらの諸要素がからみあって形づくられているものである。このような企業の実態を考えると、信用調査は財務分析だけでは必ずしも十分とはいえない。したがって、企業の実態を正しくつかむためには、企業活動を定量的分析のような量的側面からとらえるだけでなく、それ以外の質的側面（定性的情報）からとらえることも必要になってくる。

　かくして、財務分析は、企業活動を量的側面から定量的分析により客観的に評価し、とらえることを主眼としながらも、その背景や原因ともいえる企業活動の質的側面、つまり非財務面の定性的情報をも十分に参酌し、それとの関連づけを考慮して分析をすすめ、企業の実態を正しくつかむことが必要となる。

～ *follow up* ～

経営者に要求される資質

　経営者に要求される資質についてはいろいろな意見があるが、要は経営能力があるかどうかということである。経営者としての能力を備えた人というのは、経営ビジョンと旺盛な事業意欲をもち、常に経営の実態を正しくつかみ、事業の将来がどうなるかという先見性と事情の変化に対処する適応力、ならびに熟慮のうえ断行する実行力をもちあわせている。特に、経済情勢の変化を展望し、自社をその変化にどう対処させていくかということが経営者の仕事なのであるから、そうした能力をもっているかどうかが、経営者を評価する大きなポイントといえる。

収益性分析

出題【23年6月・問6、問8／22年10月・問8／22年6月・問8／21年10月・問8／
21年6月・問6／20年10月・問6】

> ## 基本問題
>
> A社（製造業）の収益性に関する2期間の比率は、次のとおりであ
> る。これらの指標によって、同社の収益性を分析しなさい。
>
> | | 総資本回転率 | 売上高経常利益率 |
> |---|---|---|
> | 第20期 | 2.0回 | 5.6% |
> | 第21期 | 2.2回 | 4.3% |

☞ 本問のポイント

① 2つの比率を乗じて、総資本経常利益率を算出し、これによって2
   期間の総合的な収益性を時系列的に分析する。

② 総資本経常利益率を2つの比率に分解した形で、回転率と売上高利
   益率の推移変化状況を分析する。

解答欄（自己作成欄）

財
務
分
析

問題理解と解答作成ポイント

1　収益性判定の総合指標としての総資本経常利益率についての認識

　収益性判定の要素としては、総資本回転率や売上高経常利益率も重要であるが、もっとも基本となるのは、総合指標としての総資本経常利益率である。これを算出せずに、与えられた比率だけで分析したのでは、高得点は得られない。

2　A社が製造業として、高収益企業であることの認識

　収益性の分析・批判に際しては、たんに諸比率の計数の推移をとらえて、それが悪化しているから収益性が悪化していると判定するだけでは不十分である。分析対象企業の計数が同業平均のなかで、どのような位置にあるかをまず念頭において判定を下さなければならない。

　つまり、本問の場合、製造業としてのA社の総資本経常利益率は中小企業の一般水準である4.1%（次頁の★関連事項を参照）に比して、高水準にあることをまず指摘しておいてから、分析を進めることが望ましい。

3　論旨の進め方

　総資本回転率、売上高経常利益率の推移の説明から始めて、両者の積数である総資本経常利益率を求めて収益性の良否を判定するといった論旨の進め方では、原因と結果をとりちがえることになる。

　解答例のように、まず総資本経常利益率を算出して、その変化要因を総資本回転率と売上高経常利益率に分けて追求するのが、正しい論旨の進め方である。

　そして、この場合にも、たんに計数を列挙するだけでなく、基本問題解答例のように「総資本回転率の好転があったにもかかわらず、それ以上に売上高経常利益率が大きく低下した」という収益性の低下要因についての明確な指摘がなければ、正しい分析を行ったとはいえない。

【基本問題解答例】

　両期の総資本経常利益率を算出してみると、次のように20期11.2%、21期9.46%となり、当社の収益性は、総合的に10%前後で良好である。しかし、21期は前期に比べ1.74ポイント低下し、悪化を示した。

　　総資本経常利益率＝売上高経常利益率×総資本回転率

　　　　　20期　　5.6%×2.0＝11.2%

　　　　　21期　　4.3%×2.2＝9.46%

　これを、さらに内容別に分析すると、資本の運用効率は、総資本回転率にみられるように20期は前期の2.0回から2.2回に向上したが、売上高経常利益率は逆に前期5.6%から4.3%へと悪化した。したがって、上述の収益性の悪化は、総資本回転率の好転があったにもかかわらず、それ以上に売上高経常利益率が大きく低下したことによるものである。

★関連事項

●収益性指標

中　小　企　業

収益性指標		製造業	卸売業	小売業	建設業
総資本経常利益率	%	4.1	3.5	3.2	4.3
売上高経常利益率	%	3.8	1.8	1.8	3.1
総資本回転率	回	1.1	1.9	1.8	1.4

出典：「中小企業実態基本調査に基づく中小企業の財務指標（平成27年調査）」

財　務　分　析

応 用 問 題

卸売業であるＢ社の下記の資料にもとづき、次の設問に答えなさい。

要約貸借対照表					（単位：百万円）	
	前期	当期			前期	当期
流動資産	1,042	1,451	流動負債		843	1,206
固定資産	49	61	固定負債		133	178
			純資産		115	128
合　計	1,091	1,512	合　計		1,091	1,512

要約損益計算書		（単位：百万円）
	前期	当期
売上高	2,710	3,664
売上総利益	406	765
販売費及び一般管理費	301	619
支払利息	40	106
経常利益	77	53
当期純利益	43	21

(1) (イ)〜(ホ)の収益性比率（２期間）を計算過程を示して算出しなさい。なお、比率は小数点以下第２位を四捨五入のこと。

　　(イ)総資本経常利益率、(ロ)売上高経常利益率、(ハ)売上高総利益率、

　　(ニ)売上高営業利益率、(ホ)総資本回転率

(2) (1)の諸比率を中心にＢ社の収益性の変化について説明しなさい。

☞ **基本問題との相違点**

① 　与えられた５つの収益性関連比率を２期にわたり算定する。

② 　総資本経常利益率の分析からはじめ、次いで売上高経常利益および総資本回転率の分解分析にすすむ。

③ 　さらに、比率変化のはげしい売上高利益率の中味をさぐる。

【応用問題解答例】

(1)

	前　期	当　期
(イ)総資本経常利益率	$\dfrac{77}{1,091} \times 100 = 7.1\%$	$\dfrac{53}{1,512} \times 100 = 3.5\%$
(ロ)売上高経常利益率	$\dfrac{77}{2,710} \times 100 = 2.8\%$	$\dfrac{53}{3,664} \times 100 = 1.4\%$
(ハ)売上高総利益率	$\dfrac{406}{2,710} \times 100 = 15.0\%$	$\dfrac{765}{3,664} \times 100 = 20.9\%$
(ニ)売上高営業利益率	$\dfrac{105}{2,710} \times 100 = 3.9\%$	$\dfrac{146}{3,664} \times 100 = 4.0\%$
(ホ)総 資 本 回 転 率	$\dfrac{2,710}{1,091} = 2.5回$	$\dfrac{3,664}{1,512} = 2.4回$

(2) 　B社の収益性は、総資本経常利益率が前期7.1%から当期3.5%と大幅に低下した。原因は総資本回転率はわずかな低下にとどまったにもかかわらず、売上高経常利益率が2.8%から1.4%へと大きく1.4ポイント低下したことである。売上高経常利益率の変動内容をみると、売上高総利益率は15.0%から20.9%へ5.9ポイント上昇したが、売上高販売費及び一般管理費率が11.1%から16.9%へと5.8ポイント上昇したために、結果として売上高営業利益率がほぼ横ばいとなった。しかし、最終段階の営業外損益で金利負担率が大きく増大し、結果として売上高経常利益率のダウンにつながったものといえる。

財
務
分
析

~ *follow up* ~

ＲＯＥ

　ＲＯＥとは、当期純利益（税引後の当期純利益を用いることが多い）を自己資本（純資産－株式引受権－新株予約権）で除して算出したもので、株主持分である自己資本をいかに効率的に使っていくら利益を生み出したかを見る指標である。ＲＯＥの計算は、設問の指定に従いその趣旨を読み込んで分母と分子を選択する必要がある。

財務レバレッジ

　財務レバレッジとは、貸借対照表の自己資本と総資産の倍率を示す指標である。

　自己資本比率とは逆数の関係になる指標であるから、低ければ低いほど財務的には安全といえる。

$$財務レバレッジ＝\frac{総資産}{純資産}（倍）$$

　一般的に３倍以下であれば財務的には不安はないとされている。

貸借対照表

財務レバレッジは総資産と自己資本の比率

　自己資本や他人資本の調達利回りよりも運用利回りが上回る場合には、企業は借入をしても資本を集めて事業規模を拡大し事業に資金投下するほうが最終的に利益は大きくなる。

　よって、景気拡大期（好景気）のときには、事業による利益が見込まれるので、借入が増加して財務レバレッジが大きくなる傾向があり、逆に不景気になると事業自体の利益が見込めなくなるので、債務を圧縮するようになって財務レバレッジの数値が小さくなる傾向がある。

　近年、低成長の時代が続き、多くの企業が債務を圧縮してきたため、自己資本比率が高くなり、財務レバレッジは低下している。

　収益力の小さな企業は、財務レバレッジが高いと債務返済と利払いに追われるため苦しい経営になる。

損益分岐点分析

出題【23年10月・問7／22年10月・問7／21年10月・問7／21年6月・問10】

基本問題

　年商2,250百万円、固定費840百万円、変動費比率48％の企業が、売上高はこれ以上の増加が望めないので、固定費を120百万円節減し、かつ変動費比率を引き下げて、目標利益を現在の利益の倍増を図りたいと考えている。そのためには、変動費比率をいくらに引き下げたらよいか、計算過程を示して算出しなさい。なお、計算結果は、小数点以下第4位を四捨五入のこと。

☞ 本問のポイント

① 当期の利益を算定する。

② 目標利益を算定する。本問では当期の利益の2倍とする。

③ 目標利益をあげるための変動費比率を出す。

解答欄（自己作成欄）

財

務

分

析

問題理解と解答作成ポイント

　本問を解くには、まず現在の利益を算出することからはじめ、次にその現在利益の倍増額をもって目標利益とし、その目標利益をあげるためには現在売上高でどれだけの変動費比率でなければならないかを算出すればよい。それらは、すべて次に示す損益分岐点の公式を応用すればよい。

①　基本公式

$$損益分岐点＝固定費÷\left(1-\frac{変動費}{売上高}\right)＝固定費÷限界利益率$$

②　一定の売上高のときの利益算出公式

$$利益＝売上高×\left(1-\frac{変動費}{売上高}\right)-固定費$$

③　一定の目標利益をあげるのに必要な売上高算出公式

$$必要売上高＝(目標利益＋固定費)÷\left(1-\frac{変動費}{売上高}\right)$$

　本問のような問題は、結果は正しくても、計算過程の不明瞭のもの、その他公式展開等の不十分なものは適宜減点されることがある。

　また、計算結果を表に示して解答するものもあるが、計算結果だけでは計算過程を示したことにはならない。したがって、説明不十分なものについても減点される。

　さらに、現在利益を算出する場合、固定費と限界利益（売上高－変動費、すなわち、利益＋固定費）とを混同して算出するものであるが、これも誤りであるから注意したい。

④　誤った現在利益の算出例

　　損益分岐点売上高＝840÷(1-0.48)＝1,615.384≒1,615

　　現在利益＝2,250-1,615＝635

　細部にわたるが、「変動費比率」を「変動比率」または「変動率」など

と誤記する例が比較的多い。

　⑤　安全余裕率（経営安全率）

　なお、よく使われる算式として次の比率がある。

$$安全余裕率＝\frac{売上高－損益分岐点売上高}{売上高}$$

　現在売上高と損益分岐点売上高との関係から、企業の安全性を示す指標
として用いられている。

★関連事項

1　統計上の費用分解基準

　個別費用法の一例として、統計で採用している費用分解基準を示すと、
次のとおりである。

　(1)　日本銀行『主要企業経営分析』（現在は刊行されていない）

　　　固定費＝(販売費及び一般管理費－荷造運搬費)＋労務費＋(経費－外
　　　　　　注加工費－動力燃料費)＋営業外費用－営業外収益

　　　変動費＝売上原価－(経費－外注加工費－動力燃料費)＋荷造運搬費

　(2)　中小企業庁『中小企業の原価指標』（現在は刊行されていない）

　　　①　製　造　業

　　　　　固定費——直接労務費、間接労務費、福利厚生費、減価償却費、
　　　　　　　　　　賃借料、保険料、修繕料、水道光熱費、旅費・交通費、
　　　　　　　　　　その他製造経費、販売員給料手当、通信費、支払運賃、
　　　　　　　　　　荷造費、消耗品費、広告宣伝費、交際・接待費、その
　　　　　　　　　　他販売費、役員給料手当、事務員・販売員給料手当、
　　　　　　　　　　支払利息、従業員教育費、租税公課、研究費、開発費、
　　　　　　　　　　その他管理費

　　　　　変動費——直接材料費、買入部品費、外注工賃、間接材料費、そ

財

務

分

析

　　　　　　　　の他直接経費、重油等燃料費、当期製品仕入原価、期
　　　　　　　　首製品棚卸高－期末製品棚卸高、酒税

　② 販売業（卸売業・小売業）

　　固定費——販売員給料手当、車両燃料費（卸売業の場合50％）、車
　　　　　　両修理費（卸売業の場合50％）、販売員旅費・交通費、
　　　　　　通信費、広告宣伝費、その他販売費、役員（店主）給
　　　　　　料手当、事務員給料手当、福利厚生費、減価償却費、
　　　　　　交際・接待費、土地建物賃借料、保険料（卸売業の場
　　　　　　合50％）、修繕費、水道光熱費、支払利息、租税公課、
　　　　　　従業員教育費、その他管理費

　　変動費——売上原価、支払運賃、支払荷造費、荷造材料費、支払
　　　　　　保管料、車両燃料費（卸売業の場合のみ50％）、車両修
　　　　　　理費（卸売業の場合のみ50％）、保険料（卸売業の場合の
　　　　　　み50％）

　（注）小売業の車両燃料費、車両修理費、保険料は、すべて固定費に入る。

2　企業の費用構造のタイプ

　一般に企業の費用構造は、次の4タイプに分けることができるが、損益
分岐点分析からこの費用構造がわかる。

・Aタイプ—高固定費、低変動費型　・Bタイプ—低固定費、高変動費型

・Cタイプ—高固定費、高変動費型　・Dタイプ—低固定費、低変動費型

　これらを、損益分岐点図表で表わすと、次頁の図のようになる。

　各タイプを業種にあてはめてみると、製造業は固定投資が多いため固定
費が多くてAタイプ、逆に、卸売業は固定費が少なく変動費が多いためB
タイプ、小売業はAとBの中間になる。また、企業規模別には、大企業は
Aタイプ、中小企業はBタイプといえる。そして、Cタイプは限界企業、
Dタイプは優良企業ということができる。

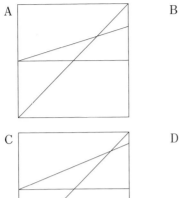
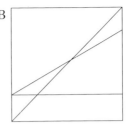
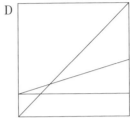

A　　　　　　　　　　　　B

C　　　　　　　　　　　　D

【基本問題解答例】

当期の利益＝年商2,250－固定費840－(2,250×変動費比率0.48)＝330百万円

目標利益＝330×2＝660百万円

目標利益をあげるための変動費比率(x)

　　(目標利益660＋固定費840－固定費削減額120)÷(1 － x)＝年商2,250

　　1,380÷(1 － x)＝2,250

　　1,380＝2,250－2,250 x

　　2,250 x ＝870

　　 x ＝0.3866≒0.387　　　　　　　　　　　　　　　　　　∴ 38.7%

目標利益660百万円の利益をあげるためには、変動費比率を38.7%にし
なければならない。

財

務

分

析

応 用 問 題

　　C社の前年度実績は、売上高1,250百万円、限界利益550百万円、利益160百万円であった。今年度は、売上高で前年度比150百万円、利益で同じく50百万円増加を目標とした。

(1)　変動費比率を一定とした場合、固定費の額は前年度比どのように変化するか。

(2)　(1)により今年度目標が達成された場合、安全余裕率は前年度比どのように変化するか。

　　(注)　　1．それぞれ計算過程を示して算出のこと。

　　　　　　2．金額は10万円未満を、％は小数点以下第3位をそれぞれ四捨五入のこと。

☞ 基本問題との相違点

①　変化する固定費を算出する。

②　安全余裕率を出す。

③　安全余裕率の変化を見て、その適否を見る。

【応用問題解答例】

(1)　前年度固定費　前年度限界利益550百万円－前年度利益160百万円＝390百万円

　　　今年度目標　　　　　目標売上高1,250百万円＋150百万円＝1,400百万円

　　　　　　　　目標利益　前年度利益160百万円＋増加利益50百万円＝210百万円

　　　今年度の変動費比率　　　1－限界利益率＝1－(550÷1,250)＝56%

　　これが不変であるから、

　　　　売上目標－利益目標＝固定費＋変動費

　　　　1,400百万円－210百万円＝x＋(1,400百万円×56%)

　　　　1,190百万円＝x＋784百万円　　　　　　x＝406百万円

　　　固定費増加額　　　　406百万円－390百万円＝<u>16百万円</u>

　　したがって、固定費は前年度比16百万円の増加となる。

(2)　前年度損益分岐点売上高　　　390÷44%＝886.4百万円

　　　安全余裕率　　　　　　(1,250－886.4)÷1,250×100＝29.09%…A

　　　今年度損益分岐点売上高　　　406÷44%＝922.7百万円

　　　安全余裕率　　　　　　(1,400－922.7)÷1,400×100＝34.09%…B

　　　　　　　　　　　　　　B－A＝<u>5.0ポイント</u>

　　したがって、安全余裕率は前年度比5ポイント改善する。

財

務

分

析

～ *follow up* ～

損益分岐点比率

　　企業の収益構造を見るには、損益分岐点の位置を知ることが必要である。それは、現在の売上高と損益分岐点売上高との関係を見るもので、次のようにして算出された損益分岐点比率により、指標として表わすことができる。

$$損益分岐点比率＝\frac{損益分岐点売上高}{売上高}×100$$

生産性分析

出題【23年10月・問6／22年6月・問7／21年6月・問8】

基本問題

　以下の数値を用いて、「中小企業の財務指標」の計算方式にもとづき付加価値の計算を行いなさい。

　(1)　付加価値の金額を求めなさい。

　(2)　付加価値比率を計算しなさい。なお、小数点以下第2位を四捨五入とする。

〈前提条件〉

○棚卸資産（製品・仕掛品・原材料）は期首と期末でほとんど数量・金額に変化がない。

（単位：円）

売上高	12,500,000
直接材料費（製造原価）	3,245,000
労務費（製造原価）	2,350,000
人件費（販売管理費）	1,200,000
賃借料	350,000
租税公課	23,000
減価償却費（実施額）	2,500,000
受取利息配当金	370,000
支払利息	450,000
経常利益	285,000

☞本問のポイント

① 「中小企業の財務指標」では、加算法にもとづく付加価値の計算となっている。

② 加算法での主要な加算項目はどの方式でも類似しているから、1つの計算方法をしっかりと把握しておく。

解答欄（自己作成欄）

問題理解と解答作成ポイント

1　付加価値計算のイメージ

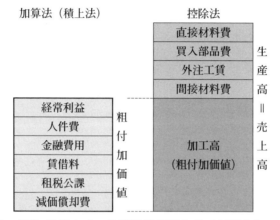

加算法は、(旧)日銀方式、日経経営指標などで採用されている方式である。減価償却費を加算するものを粗付加価値、減価償却費を含めないものを純付加価値とする。

　事業税の外形標準課税においても、この加算法の考え方が取られているものと想定される。

　控除法は、中小企業庁方式などで採用されている方式である。

　消費税においても、この控除法の考え方が取られているものと想定される。

　加算法の計算結果と控除法の計算結果は、必ずしも一致するわけではないが、理念上は概ね同額になると考えられている。

2　付加価値の算出公式

　統計上よく用いられる付加価値額の計算内容を示すと、以下のとおりである。なお、会社法の判定以前のものであるため計算内容が現在のものとは違う。

　①　いわゆる (旧)日銀方式 (かつて日本銀行の『主要企業経営分析』で用い

られていたものであるが、現在は刊行されていない)

　付加価値額＝経常利益＋人件費＋金融費用＋賃借料＋租税公課＋減価
　　　　償却費

（注）　1．人件費には、福利厚生費、退職金、退職給付引当金および賞与
　　　　引当金繰入額等を含む。
　　　2．金融費用には、社債発行差金償却および社債発行費償却を含む。
　　　3．租税公課には、事業税を含むが、法人税等を含まない。

②　いわゆる（旧）中小企業庁方式（中小企業庁の『中小企業の経営指標』で加工高として用いられていたものであるが、現在は刊行されていない)

　加工高＝生産高－（直接材料費＋買入部品費＋外注工賃＋間接材料費）

（注）　生産高＝純売上高－当期製品仕入原価

　なお、平成19年発行『中小企業の財務指標』による付加価値は、次のようになっている。

　　経常利益＋労務費＋人件費＋支払利息割引料－受取利息配当金＋賃借料
　　＋租税公課＋減価償却実施額

③　日経経営指標方式（日本経済新聞社の『日経経営指標』で用いられているもの)

　粗付加価値額＝人件費＋賃借料＋租税公課＋支払特許料＋減価償却実
　　　　施額＋純金利負担＋利払後事業利益

（注）　減価償却実施額は、減価償却実施額合計から特別損失に計上された
　　　ものを除き、営業外費用に計上されたものはそのまま含めている。

【基本問題解答例】

(1)　付加価値額＝労務費＋人件費＋賃借料＋租税公課＋減価償却費（実
施額）＋（支払利息－受取利息配当金）＋経常利益
　＝2,350,000＋1,200,000＋350,000＋23,000＋2,500,000＋（450,000－
370,000)＋285,000

＝6,788,000円

(2)　付加価値比率＝｛労務費＋人件費＋賃借料＋租税公課＋減価償却費

（実施額）＋（支払利息－受取利息配当金）＋経常利益｝／売上高×100

＝54.304%

よって、54.3%

★関連事項

●生産性統計指標

中　小　企　業

生産性指標		製造業	卸売業	小売業	建設業
付加価値比率	%	28.5	10.2	19.3	23.6
労働分配率	%	70.9	64.9	68.4	72.3

出典：「中小企業実態基本調査に基づく中小企業の財務指標（平成27年調査）」

```
応 用 問 題
```

　　E機械㈱の下記の資料から、同社の労働生産性を算出し、その2期
間の変化要因を簡単に説明しなさい。

	第17期	第18期
付加価値額	2,852百万円	3,273百万円
平均従業員数	405人	417人
売　上　高	6,250百万円	6,724百万円
有形固定資産	4,150百万円	4,050百万円

（注）　1.　小数点以下第2位を四捨五入すること。

　　　　2.　原因の分析は、2つの要素に分解して算式を示すこと。

☞ 基本問題との相違点

① 労働生産性の傾向を2期にわたり、時系列的に分析検討する。

② その内容を付加価値率と1人当たり売上高に分解して、生産性の推移を時系列的に分析検討する。

【応用問題解答例】

	第17期	第18期
労働生産性（百万円）	$\dfrac{2,852}{405}=\underline{7.0}$	$\dfrac{3,273}{417}=\underline{7.8}$
付加価値率（%）	$\dfrac{2,852}{6,250}\times100=\underline{45.6}$	$\dfrac{3,273}{6,724}\times100=\underline{48.7}$
従業員1人当たり売上高（百万円）	$\dfrac{6,250}{405}=\underline{15.4}$	$\dfrac{6,724}{417}=\underline{16.1}$
労働装備率（百万円）	$\dfrac{4,150}{405}=\underline{10.2}$	$\dfrac{4,050}{417}=\underline{9.7}$

労働生産性は第17期7.0百万円から第18期には7.8百万円へと向上した。その原因は、付加価値率が45.6%から48.7%へと3.1ポイント上昇したことと、1人当たり売上高も15.4百万円から16.1百万円へと着実に伸びたことの2点によるものである。

~ *follow up* ~

生産性とは

生産性とは、生産要素の有効利用の度合いをいい、一般に生産要素の投入高（インプット）と、それによって得られた生産物の産出高（アウトプット）との割合によって示される。これを算式によって表わすと、次のとおりである。

$$生産性＝\dfrac{産出高}{投入高}$$

このような生産性の意味することは、投入高に対して産出高が多ければ多いほど生産性は高く、反対の場合には、生産性は低いということである。

生産性分析は、この生産性を分析し、いかに能率的に生産物を産出したかを測定することを分析の目的とするものである。

売上・利益増減分析

基本問題

　W社の第25期の売上高は900百万円、商品の平均販売単価は3,600円であったが、第26期の平均販売単価は前期比10％ダウンし、売上数量は15％増加した。第26期の売上高の前期比増減要因を分析しなさい。

☞ 本問のポイント

① 第26期の売上高を算出する。

② 販売単価ダウンによる売上高減少高を出す。

③ 売上数量増加による売上高増加高を出す。

④ 単価引下げによる売上減少と、売上数量増加による売上増加をつかみ、そこから純利益増減原因を解明する。

解答欄（自己作成欄）

問題理解と解答作成ポイント

　売上高の増減分析で価格変化と数量増減とに分解分析する方法は、その
おかれているケースいかんによって若干異なる。このケース別の分析方法
については、次の関連事項の節でその全容を説明しているので参照してほ
しい。本問は、そのなかの②のケース（売上単価ダウン、売上数量増加の場
合）に該当する。解答例に記載されたものは、下記のように②のケースに
そって答えられている。

① 　単価引下げによる売上減少

　　$P \times M - P' \times M = (P3,600 - P'3,240) \times M250,000 = \underline{90,000,000円}$ⓐ

② 　数量増加による売上増加

　　$P' \times M' - P' \times M = (M'287,500 - M250,000) \times P'3,240 = \underline{121,500,000円}$ⓑ

∴売上高の増加

　　ⓑ－ⓐ　$(121,500,000 - 90,000,000) = \underline{31,500,000円}$

　上記のものが正解といえるが、次のような分析方法も考えられる。

【3分法】

・単価引下げによる売上減少

　　$P \times M - P' \times M = (P3,600 - P'3,240) \times M250,000 = \underline{90,000,000円}$ⓐ

・数量増加による売上増加

　　$P \times M' - P \times M = (M'287,500 - M250,000) \times P3,600 = \underline{135,000,000円}$ⓑ

・共通要因による売上減少

　　$(P - P') \times (M' - M) = (3,600 - 3,240) \times (287,500 - 250,000) = \underline{13,500,000円}$ⓒ

・売上高の増加

　　ⓑ－ⓐ－ⓒ　$(135,000,000 - 90,000,000 - 13,500,000) = \underline{31,500,000円}$

【別途の2分法】

・数量増加による売上増加

　　$P \times M' - P \times M = (M'287,500 - M250,000) \times P3,600 = \underline{135,000,000円}$ⓐ

財

務

分

析

・単価ダウンによる売上減少

P×M′－P′×M′＝（P3,600－P′3,240）×M′287,500＝<u>103,500,000円</u>ⓑ

・売上高の増加

ⓐ－ⓑ（135,000,000－103,500,000）＝<u>31,500,000円</u>

最初にあげた解答例が正しいと思うが、上記の2方法も、正解に準じて取り扱われるであろう。

★関連事項

●ケース別に見た売上高の増減差異分析

売上高の増減分析については、これを単価要因によるものと、数量要因によるものとに分けることができる。なお、この分析方法は売上原価の増減分析においても準用できる。

売上単価、売上数量をそれぞれ次のように記号化して、各ケースにおける分析方法を算式と図解で以下に示してみる。

前期売上単価＝P　当期売上単価＝P′

前期売上数量＝M　当期売上数量＝M′

① 売上単価アップ、売上数量減少の場合（図－1）

・売上単価アップによる売上高増加（図の①）

P′×M′（当期売上高）－P×M′

・売上数量減少による売上高減少（図の②）

P×M（前期売上高）－P×M′

（注）P×M′＝売上単価に変化がないとした場合の当期売上高

② 売上単価ダウン、売上数量増加の場合（図－2）

・売上単価ダウンによる売上高減少（図の③）

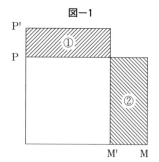

図－1

P×M（前期売上高）−P′×M

・売上数量増加による売上高増加（図の④）

P′×M′（当期売上高）−P′×M

(注)　P′×M＝売上数量に増減がないとした場合の当期売上高

③　売上単価アップ、売上数量増加の場合（図−3）

・売上単価アップによる売上高増加（図の⑤）

P′×M−P×M（前期売上高）

・売上数量増加による売上高増加（図の⑥）

P×M′−P×M（前期売上高）

・共通原因による売上高増加（図の⑦）

残りの売上高増加分

④　売上単価のダウン、売上数量減少の場合（図−4）

・売上単価ダウンによる売上高減少（図の⑧）

P×M′−P′×M′（当期売上高）

・売上数量減少による売上高減少（図の⑨）

P′×M−P′×M′（当期売上高）

・共通原因による売上高減少（図の⑩）

残りの売上高減少分

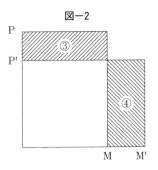

図−2

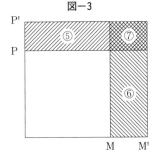

図−3

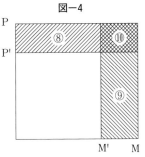

図−4

財務分析

　上記ケースのうち、①売上単価アップ、売上数量減少の場合、および②売上単価ダウン、売上数量増加の場合は、図−1、2から明らかなように、

単価変動・数量増減の２つの原因分析に分けることで十分であり、これ以外に共通原因を加えた３分法は、推奨しがたい（正解に準じる取扱いとしているが）。

　これに対して、上記ケースのうち、③売上単価アップ、売上数量増加の場合、および④売上単価ダウン、売上数量減少の場合は、図３、４から明らかなように、単価変動、数量変動、共通原因の３つの原因分析に分けることが必要である。

~ *follow up* ~

利益増減分析の実務上の問題点

　利益増減分析は、比率の変動原因を実数によって具体的につかむものであるため、効果的な分析手法である。しかし、売上総利益増減分析では、売上単価や売上数量の変動の実態がほぼつかまれていないと、分析することができない。そして、またそれは実務上はつかみにくい場合が少なくない。

　というのは、単価や数量をつかむことは、単一製品を製造販売している場合には容易であるが、数種類の製商品を扱っている場合は、容易でない。多くの企業では、単一製商品を扱っている例は少なく、数種類になるのが普通であるから、こうなると利益増減分析も単純にはいかない。こうした場合の分析方法もいろいろ考えられるが、複雑、かつ手間のかかることも含めて、それらがすべての分析実務に通用するかどうかは疑問もある。

　こうした数種類の製商品がある場合の利益増減分析は、以上でふれた分析方法よりもその企業における損益状況を部門別に計算した部門別業績表によるものでないと、明快な分析は困難と思われる。そのような部門別業績表を企業内で作成している場合は、それによって利益増減分析をするほうが適切であろう。

【基本問題解答例】

第26期の平均販売単価　　　3,600円×（1−0.1）＝3,240円

第26期の売上数量　　　　　（900百万円÷3,600円）×1.15＝287,500個

	〔売上高〕	〔平均販売単価〕	〔売上数量〕
第25期	900百万円	3,600円	250,000個
第26期	931.5百万円	3,240円	287,500個

売上増減原因分析表

（単位：百万円）

1．平均販売単価ダウンによる売上減少

　⑴　第25期売上高　　　　　　　　　　　　　　900

　⑵　数量前期並みで当期の単価の場合の売上高

　　　　　　　　　（3,240円×250,000個）　　　810　　　△90

2．売上数量増加による売上増加

　⑴　第26期売上高　　　　　　　　　　　　　931.5

　⑵　数量前期並みで当期の単価の場合の売上高　　810　　　121.5

　　　　　　　　　　　　　　　　売上高の増加　　　31.5

　販売単価10％引下げによって売上は90百万円減少したが、売上数量15％増加によりこれを上回る売上増加121,500千円があったため、売上高は31,500千円増加した。

応用問題

　Y社の下記の資料により、次の設問に計算過程を示して答え、売上総利益への影響について説明しなさい。

(1)　第24期の前期比売上増加額を、(ア)売上数量の増加によるもの、(イ)売上単価の上昇によるもの、(ウ)両者共通の要因によるものとに分解し、それぞれの額を算出しなさい。

(2)　第24期の前期比売上原価の増加額を、(ア)売上数量の増加によるもの、(イ)単位当たりの売上原価の上昇によるもの、(ウ)両者共通の要因によるものとに分解し、それぞれの額を算出しなさい。

(3)　(ア)売上数量の増加によるもの、(イ)売上単価・単位当たり売上原価の上昇によるもの、(ウ)両者共通の要因によるものがどれだけ利益に影響したかをそれぞれ算出しなさい。

	第23期	第24期
売　上　数　量	2,500個	3,000個
売　上　単　価	50.0千円	54.0千円
単位当たり売上原価	35千円	43.2千円
売　　上　　高	125,000千円	162,000千円
売　上　原　価	87,500千円	129,600千円

☞ 基本問題との相違点

① 　売上高とともに売上原価の増減分析を行う。

② 　売上高、売上原価を合わせて、売上総利益の増減分析をまとめる。

【応用問題解答例】

(1)　(ア)売上数量増加による売上高の増加

(50千円×3,000個)−125,000千円＝<u>25,000千円</u>

(イ)売上単価の上昇による売上高の増加

(54千円×2,500個)−125,000千円＝<u>10,000千円</u>

(ウ)共通要因による売上高の増加

(162,000千円−125,000千円)−(25,000千円＋10,000千円)＝<u>2,000千円</u>

(2)　(ア)売上数量増加による売上原価の増加

(35千円×3,000個)−87,500千円＝<u>17,500千円</u>

(イ)単位当たり売上原価上昇による売上原価の増加

(43.2千円×2,500個)−87,500千円＝<u>20,500千円</u>

(ウ)共通要因による売上原価の増加

(129,600千円−87,500千円)−(17,500千円＋20,500千円)＝<u>4,100千円</u>

(3)　(ア)売上数量増加による利益への影響

25,000千円−17,500千円＝<u>7,500千円</u>

(イ)売上単価・単位当たり売上原価の上昇による利益への影響

10,000千円−20,500千円＝<u>△10,500千円</u>

(ウ)共通要因による利益への影響

2,000千円−4,100千円＝<u>△2,100千円</u>

　売上総利益が対前期比5,100千円減少した原因は、売上数量の増加により7,500千円増加したが、売上単価および単位当たり売上原価の上昇により10,500千円減少し、また共通要因により2,100千円減少したことによるものである。

安全性分析

出題【23年6月・問7／22年10月・問6／22年6月・問6／21年10月・問6／21年6月・問7／20年10月・問7】

基 本 問 題

売上が増大している機械製造業F社の下記比較貸借対照表から、

(1) 2期間の自己資本比率・流動比率・固定長期適合率を算出しなさい（算式も明示すること、比率は％未満切捨て）。

(2) F社の安全性について簡単に説明しなさい。

要約貸借対照表

F社 （単位：百万円）

資　産	前　期	当　期	負債・純資産	前　期	当　期
流 動 資 産	555	1,095	流 動 負 債	525	1,140
固 定 資 産	165	285	固 定 負 債	45	75
			純 資 産	150	165
合　　計	720	1,380	合　　計	720	1,380

なお、純資産の部に新株予約権はない。

☞ 本問のポイント

① 3つの安全性比率を2期間にわたり算出する。

② 時系列中心の比率分析であるが、企業の体質的な強弱点を見逃さないようにすること。

③ 自己資本比率の悪化が他の比率にも影響しているので、全般的な安全性悪化に言及すること。

解答欄（自己作成欄）

財務分析

問題理解と解答作成ポイント

　比率によって安全性の分析の説明を求める、ごく一般的な問題であるが、以下の3点に留意する。

①　比率の算出方法について、正確につかんでおくこと。設問における3つの比率は、いずれも安全性の指標としては代表的なものである。

②　比率による判断では、時系列分析中心の説明がほとんどであるが、その前に全体を眺め、F社の安全性を判定することも必要であることに注意しておきたい。

　　本問では当期が前期に比べて各比率とも悪化していることは明らかであるが、それでは前期はよかったかというとそうではなく、前期でも安全性は低いのである。

　　分析をする場合の順序としては、数期間を通して全体ではどうなのかということをまず判定し、次に期間的な推移をみるという手順で行うのが望ましい。

③　分析の説明内容は、どの比率が高いか低いか、あるいはよくなったか悪くなったかということだけでは不十分である。ある比率が変化しているのは、どのような原因でそうなったのかという、分析数字の裏に隠されている事実や背景をある程度明らかにしないと十分とはいえない。

　　試験の場合は、時間や字数の制約からそのような要求は難しい面もあるが、そうした分析数字の原因にまで及んで説明した解答であることが望ましい。

★関連事項

1　キャッシュ・フロー

　キャッシュ・フロー（cash flow）とは、税引後利益、すなわち当期純利益から配当金と役員賞与を差し引いた額に減価償却費を加算した金額をいう。これは、企業が自社で稼いだ資金、いわゆる自己資金であり、この額が大きければ大きいほど、設備投資などの場合に外部資金に依存する度合いが少なくなるので、財務の安全性を表わす指標として使われる（「日経経営指標」に掲載されている）。

　このキャッシュ・フローは、長期負債の償還財源となるものであることから、長期負債をキャッシュ・フローと対比させて、長期負債の償還能力をみる比率として、次に示すような「長期負債対キャッシュ・フロー比率」が社債の格付けの際に指標として用いられる。

長期負債対キャッシュ・フロー比率（％）

$$=\frac{長期負債}{キャッシュ・フロー（当期純利益－配当金＋減価償却費）}\times100$$

　また、キャッシュ・フローを発行済株式数で除して得た「1株当たりキャッシュ・フロー」は、株式投資の尺度としても利用される。

　　（注）　キャッシュ・フローの本来の意味は、企業活動において資本として投下された資金が、資産や費用として運用され、財貨となり、ふたたび現金として還流されるという現金の流れのことをいう。それが、転化、発展して営業活動により生じた現金、資金→自己造出資金の意味となり、上記のような内容になったものである。

2　インタレスト・カバレッジ・レシオ

　インタレスト・カバレッジ・レシオ（interest coverage ratio）とは、企業の金利負担能力を示す比率である。支払利息などの金利負担に対して、企業が通常の営業活動によって得た利益がその何倍であるかを見るものである。この値が大きければ大きいほど債権者としては債権の回収が確実で

財務分析

あり、企業も有利な条件で資金を調達することができる。このため、公募社債の格付けの際には、この比率が有力な指標として用いられる。

インタレスト・カバレッジ・レシオは、次の算式により算定される（分子は「事業利益」と呼ばれる）。

$$インタレスト・カバレッジ・レシオ(倍)＝\frac{営業利益＋受取利息・配当金}{支払利息}$$

　（注）　インタレスト・カバレッジ・レシオは、日経経営指標では、下記のように分子に配当金を含めずに計算している。

$$インタレスト・カバレッジ・レシオ(倍)＝\frac{営業利益＋受取利息・有価証券利息}{支払利息}$$

この比率は、社債の格付けに用いられるものであるから、利息の支払いは大丈夫かといった安全性に重点がおかれる。倍率は高ければ高いほど利息支払いの余裕度が高く、望ましいものである。したがって、倍率1以下は問題である。

3　ディスカウント・キャッシュ・フロー法（Discount Cash Flow法：DCF法）

投資後に予想される年度別の現金の入出金の金額（将来キャッシュ・フロー）を予測し、それを現在価値に割り引いて合計することによって投資そのものの価値を算出する方法をいう。

$$\frac{1株当たり}{評価額}＝\frac{将来キャッシュ・フローを年度別に割り引いた金額の合計額}{発行済株式総数}$$

米国におけるM＆Aの評価に最もよく使われている。投資決定に際して、あらゆる投資に対し、その有利不利が判定できる方法であるが、①割引率をどの程度に設定するか、②将来キャッシュ・フローの予測が難しいなどの問題もある。

4　キャッシュ・コンバージョン・サイクル

キャッシュ・コンバージョン・サイクル（Cash Conversion Cycle。以下「ＣＣＣ」という）とは、仕入した商品代金の支払いから、その商品の売上代金の回収までに要する日数をいい、現金循環化日数とも呼ばれている。

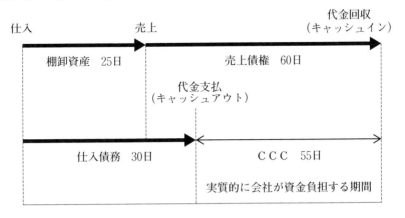

これを計算するための計算式は、次のようになる。

ＣＣＣ＝売上債権回転日数＋棚卸資産回転日数－仕入債務回転日数

たとえば、売上債権回転日数が60日、棚卸資産回転日数が25日で仕入債務回転日数が30日の企業の場合、ＣＣＣは55日（＝売上債権回転日数60日＋棚卸資産回転日数25日－仕入債務回転日数30日）と計算される。

ＣＣＣを短くするためには、次のような方策がとられる。

① 　売上債権回転日数を短くする（売掛金、受取手形のサイト短期化）

② 　棚卸資産回転日数を短くする

③ 　仕入債務回転日数を長くする

基本的にキャッシュ・フロー計算書の営業活動によるキャッシュ・フローを改善する方法とまったく同じ考え方になる。

財

務

分

析

【基本問題解答例】

(1) | | 前　期 | 当　期 |
|---|---|---|
| 自己資本比率 | $\dfrac{150}{720}\times100=\underline{20\%}$ | $\dfrac{165}{1,380}\times100=\underline{11\%}$ |
| 流　動　比　率 | $\dfrac{555}{525}\times100=\underline{105\%}$ | $\dfrac{1,095}{1,140}\times100=\underline{96\%}$ |
| 固定長期適合率 | $\dfrac{165}{45+150}\times100=\underline{84\%}$ | $\dfrac{285}{75+165}\times100=\underline{118\%}$ |

(2)　上記3つの比率により明らかなように、F社の安全性は前期においても低いが、当期ではさらにそれが急速に悪化している。とくに、自己資本比率は9ポイント下がって11％と低率になっているのが目立つ。これは、業容拡大等により総資本額が約1.9倍になっているのに対し、その調達源泉の多くは負債に依存し、自己資本の増額はわずかにとどまったからである。

　　また、固定資産120百万円の投資資金は、その調達源泉が自己資本・固定負債という長期安定的な資本だけでは足りず、その不足額75百万円を短期資金である流動負債に依存したため、固定長期適合率が100％を超え、逆に流動比率は100％を割り、長期資金調達源泉の不安定さ、短期支払能力の低下を招いた。

【安全性諸比率】

中　小　企　業

安全性指標		製造業	卸売業	小売業	建設業
流動比率	％	184.3	156.6	148.5	162.2
当座比率	％	129.7	118.2	89.6	107.0
固定長期適合率	％	61.6	55.0	67.9	55.2

出典：「中小企業実態基本調査に基づく中小企業の財務指標（平成27年調査）」

応用問題

　G社の下記の比較貸借対照表および比較損益計算書（抜粋）から、

(1)　2期間の流動比率・固定長期適合率・自己資本比率・インタレスト・カバレッジ・レシオを算出しなさい（計算過程を示し、比率は小数点以下第2位を四捨五入のこと）。

(2)　G社の2期間の安全性について時系列的に分析し、簡単に説明しなさい。

比較貸借対照表

G社　　　　　　　　　　　　　　　　　　　　　　　　　（単位：百万円）

資　　　産	前　　期	当　　期	負債・純資産	前　　期	当　　期
現 金 預 金	556	586	仕 入 債 務	490	584
売 上 債 権	334	370	短 期 借 入 金	620	750
棚 卸 資 産	378	494	その他流動負債	10	10
その他流動資産	6	8	長 期 借 入 金	300	360
有形固定資産	620	724	退職給付引当金	22	24
投資その他の資産	188	206	純 　 資 　 産	640	660
合　　　計	2,082	2,388	合　　　計	2,082	2,388

比較損益計算書（抜粋）

G社　　　　　　　　　　　　　　　　　　　　　　　　　（単位：百万円）

	前 　 期	当 　 期
売 　 　 上 　 　 高	1,308	1,492
営 　 業 　 利 　 益	68	82
受 　 取 　 利 　 息	16	18
支 　 払 　 利 　 息	54	70

財

務

分

析

☞ 基本問題との相違点

①　比率にインタレスト・カバレッジ・レシオが追加されている。

②　自己資本比率他の諸比率の時系列的な変化を分析すれば、安全性の問題点をつかみうる。

【応用問題解答例】

(1)　　　　　　　　　　（前　期）　　　　　　　　　　　　　　（当　期）

流動比率　$\dfrac{556+334+378+6}{490+620+10}\times100=\underline{113.8\%}$　　　　$\dfrac{586+370+494+8}{584+750+10}\times100=\underline{108.5\%}$

固定長期適合率　$\dfrac{620+188}{300+22+640}\times100=\underline{84.0\%}$　　　　$\dfrac{724+206}{360+24+660}\times100=\underline{89.1\%}$

自己資本比率　$\dfrac{640}{2,082}\times100=\underline{30.7\%}$　　　　$\dfrac{660}{2,388}\times100=\underline{27.6\%}$

インタレスト・
カバレッジ・レシオ　$\dfrac{68+16}{54}=\underline{1.6(倍)}$　　　　$\dfrac{82+18}{70}=\underline{1.4(倍)}$

(2)　　貸借対照表の安全性諸比率は、いずれも当期は前期比低下しており、当社の安全性は全般に低下したものといえる。業容拡大に伴い、投下総資本もほぼそれに伴って増加しており、全般にはバランスのとれた数字の推移を示しているが、このなかで自己資本の伸びがやや低いのが目立つ（売上、総資本とも14％増に対し、自己資本は3％増にとどまっている）。このため、自己資本比率が前期比3.1ポイント低下して27.6％に低下したのがまず注目される。これに関連して、短期借入金の増加などもあって、短期支払能力を示す流動比率も5.3ポイント低下して108.5％となった。一方、長期資金については、固定投資額に対して自己資本や長期借入金の増加が少ないため、固定長期適合率が上昇し、長期資金の安全性も低下した。また、企業の金利負担能力を示すインタレスト・カバレッジ・レシオも、1.6倍から1.4倍へと低下し、悪化した。

~ *follow up* ~

自己資本比率

　自己資本比率は、企業の安全性を示す最も基本的な指標である。自己資本比率が高いということは、それだけで負債、すなわち借金が相対的に少ないということである。返済する必要の

ある負債が少なければ少ないほど財務的な安全性は高まる。

〈ＲＯＥと財務レバレッジ〉

2017年（第138回）10月「財務2級」検定試験（問題8）より

> 　下記のＨ社（製造業、年1回、3月末日決算）の〈比較
> 貸借対照表（要約)〉および〈資料〉にもとづいて、次の
> 設問に答えてください。
> ⑴　2期間における次の諸指標の数値を、計算過程を示し
> 　て算出しなさい。なお、計算にあたっては、小数点以下
> 　第2位を四捨五入のこと。
> 　①　ＲＯＥ（自己資本当期純利益率）（％）
> 　②　ＲＯＡ（総資産当期純利益率）（％）
> 　③　財務レバレッジ（総資産÷自己資本）（倍）
> ⑵　上記⑴で算出した①〜③の諸指標について、それぞれ
> 　の指標の意味およびＨ社の前期から当期にかけての変化
> 　を、簡潔に述べなさい。
>
> 比較貸借対照表(要約)　　（単位：百万円）
>
> | 資産 | 前期 | 当期 | 負債・純資産 | 前期 | 当期 |
> |---|---|---|---|---|---|
> | 流動資産 | 2,180 | 2,405 | 流動負債 | 1,280 | 1,610 |
> | 固定資産 | 2,780 | 3,980 | 固定負債 | 1,160 | 2,069 |
> | | | | 純資産 | 2,520 | 2,706 |
> | 合計 | 4,960 | 6,385 | 合計 | 4,960 | 6,385 |
>
> (注) 前期・当期ともに、純資産のうち新株予約権は0である。
>
> 〈資料〉　　　　　（単位：百万円）
>
> | | 前期 | 当期 |
> |---|---|---|
> | 当期純利益 | 210 | 270 |

〈解答例〉

(1)

① 前期：$\dfrac{210}{2,520} \times 100 = 8.33 \rightarrow \underline{8.3\%}$

　　当期：$\dfrac{270}{2,706} \times 100 = 9.97 \rightarrow \underline{10.0\%}$

② 前期：$\dfrac{210}{4,960} \times 100 = 4.23 \rightarrow \underline{4.2\%}$

　　当期：$\dfrac{270}{6,385} \times 100 = 4.22 \rightarrow \underline{4.2\%}$

③ 前期：$\dfrac{4,960}{2,520} = 1.96 \rightarrow \underline{2.0倍}$

　　当期：$\dfrac{6,385}{2,706} = 2.35 \rightarrow \underline{2.4倍}$

(2)

① ＲＯＥ

　ＲＯＥは、株主持分である自己資本をいかに効率的に使って利益を生み出したかをみる指標であり、株式投資基準の1つとされる。ＲＯＥを分解するとＲＯＡと財務レバレッジの積になる。

　前期8.3％、当期10.0％と1.7ポイント改善している。

② ＲＯＡ

　ＲＯＡは、投下した総資産からどれほど利益（当期純利益）をあげることができたかを示す指標である。

　前期も当期も4.2％であり、横ばいである。

③ 財務レバレッジ

　財務レバレッジは、自己資本の何倍の総資産を経営に投入しているかを示す指標である。

　前期2.0倍、当期2.4倍と0.4ポイント高くなっている。

〈解説〉

① ＲＯＥ＝$\dfrac{当期純利益}{純資産} \times 100（\%）$　高い値ほど良い。

② ＲＯＡ＝$\dfrac{当期純利益}{総資産} \times 100（\%）$　高い値ほど良い。

③ 財務レバレッジ＝$\dfrac{総資産}{純資益}（倍）$　低いほど良い。

　一般的に3倍を超えると注意が必要といわれている。

資金運用表(1)

出題【23年10月・問10／22年6月・問10】

⎛ 基 本 問 題 ⎞

　下記のH社資料により、次に示す様式の資金運用表「固定資金の部」を完成し、H社の固定資金の資金繰り状況を簡単に説明しなさい。

〈資料〉

(単位：百万円)

損益計算書抜粋	前期	当期
税引前当期純利益	120	126
法人税等	60	62
当期純利益	60	64
減価償却費	32	40
貸借対照表抜粋		
固定資産合計	616	644
未払法人税等	24	30
純資産の部		
資本金	200	200
利益準備金	28	30
繰越利益剰余金	424	476
合計	652	706

資金運用表「固定資金の部」

運　用		調　達	
税金支払		税引前利益	
配当金支払		減価償却費	
固定資産投資			
資金余剰			
合　計		合　計	

財務分析

☞ 本問のポイント

① 資金運用表「固定資金の部」を完成する。

　税金支払、配当金支払、固定資産投資等の金額算定に注意すること。

② 固定資金の部の資金の流れをつかむ。

　本問は資金余剰のケースなので、順調な資金繰りを把握すること。

解答欄（自己作成欄）

問題理解と解答作成ポイント

　資金運用表「固定資金の部」の作成過程

①　税引前利益　Ｐ／Ｌの当期「税引前当期純利益」を記入

②　減価償却費　Ｐ／Ｌの当期減価償却費を記入

③　税金支払　前期Ｂ／Ｓ未払法人税等＋当期Ｐ／Ｌ法人税等－当期
　　Ｂ／Ｓ未払法人税等

　　　24＋62－30＝56（百万円）

④　配当金支払　前期自己資本合計－（当期自己資本合計－当期「当期
　　純利益」）

　　　652－（706－64）＝10（百万円）

⑤　固定資産投資　（当期固定資産合計＋当期減価償却費）－前期固定
　　資産合計

　　　（644＋40）－616＝68（百万円）

⑥　資金余剰　調達合計－運用合計

　上記のうちの一部について、コメントを加えると、次のとおりである。

【税金支払額】

　前期Ｂ／Ｓの未払法人税等は、前期分の未払額で当期に入って支払った
はずである。また、当期のＰ／Ｌ法人税等は当期分の税金総額であり（支
払のいかんにかかわらず）、当期のＢ／Ｓ未払法人税等は当期分の未払額で
ある。よって、前記の算式によれば、当期に支払った額が算出できること
になる。

【配当金の支払額】

　この算式は、かつての株式配当のように実質増資があった場合には、そ
の分だけは調整しなければならない。本問では、配当金支払額となってい
るが、剰余金の分配として社外流出額（配当のほかに役員賞与がある）が算
出される。

財務分析

　前記の算式で、当期の自己資本合計から当期純利益を差し引くのは、当期純利益は前期分の社外流出と関係がないからである。

【固定資産投資額】

　固定資産に対しては減価償却が行われ、この分が貸借対照表計上額では差し引かれている。この減価償却費は、資金支出を伴わないので調達欄に計上されるが、投資額を計算するには、減価償却費はなかったものとしなければならないので、前述の算式のように、減価償却を戻し入れて算定する。

★関連事項

●資金運用表の型

もっとも簡単な資金運用表

資　金　の　運　用		資　金　の　調　達	
資産の増加	×××	資産の減少	×××
負債の減少	×××	負債の増加	×××
純資産の減少	×××	純資産の増加	×××
合　計	×××	合　計	×××

三分割資金運用表

	運　　用		調　　達	
固定資金	税　金　支　払	××	税引前当期純利益	××
	配　当　金　支　払	××	減　価　償　却　費	××
	固　定　資　産　投　資	××		
	資　金　余　剰	××		
	合　　　　計	××	合　　　　計	××
運転資金	売　上　債　権　増　加	××	仕　入　債　務　増　加	××
	棚　卸　資　産　増　加	××	資　金　不　足	××
	合　　　　計	××	合　　　　計	××
財務資金	運　転　資　金　不　足	××	固　定　資　金　余　剰	××
	現　金　預　金　増　加	××	短　期　借　入　金　増　加	××
			割　引　手　形　増　加	××
	合　　　　計	××	合　　　　計	××

正味運転資本型資金運用表

```
資金の調達
    当 期 純 利 益        ×××
    減 価 償 却 費        ×××
    ……………………        ×××   ×××

資金の運用
    配当・役員賞与         ×××
    法 人 税 等          ×××
    固定資産の増加         ×××
    ……………………        ×××   ×××
        差引正味運転資本の増加        ×××

正味運転資本増加の明細
  流動資産の増加
    現 金 預 金         ×××
    売 上 債 権         ×××
    製品・原材料・仕掛品     ×××
    そ  の  他         ×××   ×××
  流動負債の増加
    買 入 債 務         ×××
    短 期 借 入 金       ×××
    ………………………        ×××
    そ  の  他         ×××   ×××
        差引正味運転資本の増加        ×××
```

　銀行等では、三分割資金運用表が最もよく使われる。その構造を示すと、下記のとおりである。

三分割資金運用表の構造

	資 金 の 運 用	資 金 の 調 達
固定資金	固定資産の増加 純資産の減少 固定負債の減少	純資産の増加 固定負債の増加 固定資産の減少
運転資金	流動資産(現金預金を除く)の増加 流動負債(短期借入金を除く)の減少	流動負債(短期借入金を除く)の増加 流動資産(現金預金を除く)の減少
財務資金	現金預金の増加 短期借入金の減少	短期借入金の増加 現金預金の減少

【基本問題解答例】

資金運用表「固定資金の部」

（単位：百万円）

運	用	調	達
税　金　支　払	56	税引前当期純利益	126
配　当　金　支　払	10	減　価　償　却　費	40
固　定　資　産　投　資	68		
資　金　余　剰	32		
合　　　　　計	166	合　　　　　計	166

　　固定資金は、資金余剰32百万円となり、順調な資金繰りであった。すなわち、税込利益はその約半額を社外流出したが、60百万円を留保し、その留保利益と減価償却費の範囲内で固定資産投資68百万円を行ったので、32百万円の余剰となり、健全な資金収支の推移であった。

応用問題

　下記の I 社の比較貸借対照表（要約）および付属資料により、

(1)　当期の資金運用表を別記様式により作成し、

(2)　I 社の同期間の資金繰り状況について簡単に説明しなさい。

I 社　　　　　　　　比較貸借対照表　　　　（単位：百万円）

資　産	前期	当期	負債・純資産	前期	当期
現 金 預 金	368	410	仕 入 債 務	626	720
売 上 債 権	446	604	短 期 借 入 金	370	602
棚 卸 資 産	328	376	未 払 法 人 税 等	18	26
その他流動資産	24	30	その他流動負債	12	16
有 形 固 定 資 産	600	824	長 期 借 入 金	300	400
その他固定資産	34	34	純 資 産	474	514
合　計	1,800	2,278	合　計	1,800	2,278

〔注記その他の付属資料〕

	前期	当期
売 上 高	3,274	3,752
税引前当期純利益	96	102
法 人 税 等	48	50
株 主 配 当 金	12	14
減 価 償 却 費	44	48
割引手形期末残高	372	490

I 社　　　　　　　　資金運用表　　　　（単位：百万円）

	運　用		調　達	
固定資金	税 金 支 払		税引前当期純利益	
	配 当 金 支 払		減 価 償 却 費	
	固 定 資 産 投 資		長 期 借 入 金 増 加	
			資 金 不 足	
	合　計		合　計	
運転資金	売 上 債 権 等 増 加		仕 入 債 務 増 加	
	棚 卸 資 産 増 加		その他流動負債増加	
	その他流動資産増加		資 金 不 足	
	合　計		合　計	
財務資金	固 定 資 金 不 足		短 期 借 入 金 増 加	
	運 転 資 金 不 足		割 引 手 形 増 加	
	現 金 預 金 増 加			
	合　計		合　計	

財務分析

☞基本問題との相違点

①　資金運用表の各部を完成する。固定資金の部とともに運転資金の部

の作成に留意すること。

② 　固定資金が不足、また運転資金も大幅に資金不足となり、大幅な短期借入金導入により、資金繰りをつけた。

③ 　今後とも、不安定な資金繰りが予見され、長期資金導入が望まれる。

④ 　割引手形が注記開示されている。よって売上債権の金額は、割引手形控除後になっていると推定することになる。

【応用問題解答例】

(1)

I 社　　　　　　　　　　資金運用表　　　　（単位：百万円）

	運　　　用		調　　　達	
固定資金	税　金　支　払	42	税引前当期純利益	102
	配　当　金　支　払	12	減　価　償　却　費	48
	固　定　資　産　投　資	272	長　期　借　入　金　増　加	100
			資　金　不　足	76
	合　　　　　計	326	合　　　　　計	326
運転資金	売　上　債　権　等　増　加	276	仕　入　債　務　増　加	94
	棚　卸　資　産　増　加	48	その他流動負債増加	4
	その他流動資産増加	6	資　金　不　足	232
	合　　　　　計	330	合　　　　　計	330
財務資金	固　定　資　金　不　足	76	短　期　借　入　金　増　加	232
	運　転　資　金　不　足	232	割　引　手　形　増　加	118
	現　金　預　金　増　加	42		
	合　　　　　計	350	合　　　　　計	350

(2) 　固定資金、運転資金とも大きく不足し、とくに固定資金不足を短期借入金や割引手形で調達しているのは、不健全かつ不安定な資金繰りである。すなわち、固定資金面では巨額の固定資産投資を長期借入金増加および自己資金（留保利益＋減価償却費）でまかないきれず、加えて長期借入の調達が不十分なため76百万円の資金不足となったが、これを短期借入金と割引手形の増加によりカバーした。

　　また、運転資金面では売上増加による売上債権急増を主因として発生した運転資金不足（増加運転資金）は割引手形と短期借入金の増加によりまかなった。なお、運転資金不足のなかには、売上債権等の増加による資金不足も多額であり、要注意である。

　　したがって、I社の資金繰りは繁忙、かつ滞留売掛金の発生の可能
性もあり、長期安定資金の導入が急がれる。
　　売上債権の増加　604－446＝158百万円
　　割引手形の増加　490－372＝118百万円
　　資金運用表では　158＋118＝276百万円

〈補足〉配当金支払の算出方法

　当期の税引前当期純利益102－法人税等50＝税引後当期純利益52となる。
　当期末純資産514－前期末純資産474＝純資産の年間増加額は40となる。
　①税引後当期純利益が52あるが、純資産が40しか増加していないこと
　②問題文中に役員賞与にかかるデータはないこと
　以上から差額の12が配当金支払であると計算される。
　なお、問題文の前期の注記・補足事項で、「株主配当金12」とあるが、
これと整合している。(株主配当金は翌年度で支払いが行われるため)

財

務

分

析

資金運用表(2)

出題【23年10月・問10／22年6月・問10】

基 本 問 題

　　J社の前期資金運用表は、下記のとおりである。前期の売上高は、前々期より若干減少している。この資金運用表により当社の前期の資金繰り状況を簡単に分析批判しなさい。

J社資金運用表　　（単位：百万円）

	運　　用		調　　達	
固定資金	配 当 金 支 払	6	当 期 純 利 益	14
	固 定 資 産 投 資	40	減 価 償 却 費	20
			資 金 不 足	12
	合　　　計	46	合　　　計	46
運転資金	売 上 債 権 増 加	8	仕 入 債 務 増 加	6
	棚 卸 資 産 増 加	4	資 金 不 足	6
	合　　　計	12	合　　　計	12
財務資金	固 定 資 金 不 足	12	割 引 手 形 増 加	10
	運 転 資 金 不 足	6	短 期 借 入 金 増 加	12
	現 金 預 金 増 加	4		
	合　　　計	22	合　　　計	22

☞ 本問のポイント

① 完成した資金運用表により、資金繰り状況を分析するものである。

② 固定資金、運転資金ともに不足し、全般に資金繰りは繁忙の状況。

③ 固定資金は、固定資産投資がかさみ、資金不足となる。

④ 運転資金は、売上減少にもかかわらず、資金回収長期化、在庫滞留で、内容的に苦しい資金不足で、借入金等でカバーした。

解答欄（自己作成欄）

財
務
分
析

問題理解と解答作成ポイント

　本問解答上の留意点を列挙すると、以下のとおりである。

①　資金繰り状況の分析批判なのであるから、まず資金繰りは楽なのか苦しいのか、またそれらはどのような事情あるいは理由からそういえるのか、といったようなことに触れてほしい。

②　固定資金の不足を短期借入金等でカバーすることの非については、必ず触れること。そして、さらに固定資金の不足が何にもとづくものかという分析にまで及ぶことが解答の急所である。

③　本問は運転資金の不足が売上増加によるものでないから、この不足原因を的確につかむ必要がある。すなわち、売上増加による運転資金の不足と、売上債権や在庫の滞留による運転資金の不足とでは、同じ運転資金の不足でも事情が異なるので、両者を分別する分析態度が肝要である。とくに本問の場合は、売上減少時における資金不足だからその不足原因は明らかであり、一見しただけでその解答は容易であるはずである。

④　売上債権と仕入債務の各増減額のバランスについては、資金繰り分析ではよく話題になるが、それは資金運用表だけでは判断しにくい問題と思われるので、ことさら触れる必要はなかろう。

　記述式試験問題の場合には、部分的な正解だけでなく、全体的な整合性ということが大切であり、全体としていえることは何か、何をどのような理由づけで説明しているか、とくに強調していることはどの点かといったようなことが解答におりこまれていることが望ましい。

★関連事項

●資金運用表による資金繰り分析のポイント

(1)　固定資金は、どの程度の資金不足、または資金余剰となっているか。

　資金繰りの観点からは、資金余剰は多ければ多いほど安全であり、資金不足は多いほど不健全、かつ繁忙な資金繰り状況を示す。

(2)　固定資金に過不足が生じた原因は何か。

①　利益処分による社外流出は、当期純利益の範囲内で行われているか。

②　設備投資は、自己金融（利益－税金－社外流出＋減価償却費）でまかなわれているか。

③　設備投資が②で不足の場合は、長期借入金等の安定資金でまかなわれているか。

④　長期借入金の返済は、純利益や減価償却費あるいは長期資金での借換えにより行われているか。逆に、短期借入金で借り換えている場合には注意が必要である。

(3)　運転資金に過不足が生じた原因は何か。

①　売上債権や棚卸資産の増減は、売上高の増減に比例しているか。売上債権回転期間、および棚卸資産回転期間の期間推移と対比し、回収の悪化や滞留在庫、不良資産発生により、これらが異常に増加していることはないかに注意する。次の②の買入債務の検討と合わせて、運転資金過不足の原因が売上増減によるものか、それ以外の理由によるものかの判別が必要である。

②　買入債務の増減は、売上高の増減に比例しているか。買入債務回転期間の期間推移と対比し、買入債務の支払いの繰延べ、繰上げがないか、とくに支払いが無理に繰り延べられていることはないかに注意する。

財務分析

③ その他の流動資産・流動負債の増減に異常なものはないか。

(4) 短期借入金、割引手形の増減原因は何か。とくに、固定資金の不足が、短期借入金や割引手形によってまかなわれていることはないか。

(5) 現金預金の増減の原因は何か。また、手元現金預金は通常の支出に備えて十分にあるか。

【基本問題解答例】

(1) 固定資金、運転資金とも資金不足を招き、これを短期資金の調達、すなわち割引手形、短期借入金の資金調達によりカバーしており、資金繰りは厳しい状況であった。

(2) 固定資金の不足金12百万円を短期借入金・割引手形によりまかなっている点は、資金繰り上きわめて不健全かつ不安定な状態である。この不足は、留保利益と償却による調達資金を超えた固定資産投資40百万円によるもので、固定資産投資の過大ないし長期資金調達不足になっている。

(3) 運転資金の6百万円不足は、売上高の減少にもかかわらず発生した。すなわち、売上債権回収長期化、在庫増によるもので、この不足資金の一部を仕入債務の支払繰延べによりまかない、残額を手形割引等の金融取引によりカバーした。運転資金の資金繰りもやや苦しい状況にある。

┌─────────── 応 用 問 題 ───────────┐

　　K社の当期の業況は平均月商が前期比15％増で順調に推移したが、
取引条件も下記の資料のように変化している（在庫および仕入債務の
回転期間は、売上原価により算出したものである）。よって、⑴下記
の資金運用表の空欄の(A)から(E)までの金額を計算過程を示して算出し、
⑵K社の当期中の運転資金繰りについて簡単に説明しなさい。

当期資金運用表

（単位：百万円）

	運　用		調　達	
固定資金	税 金 支 払	100	税引前利益	200
	配 当 支 払	20	減価償却費	28
	固定資産投資	124	長期借入金増加	80
	資 金 余 剰	64		
	合　　計	308	合　　計	308
運転資金	売上債権増加	(A)	仕入債務増加	(C)
	棚卸資産増加	(B)	資 金 不 足	
	合　　計		合　　計	
財務資金	運転資金不足	(D)	固定資金余剰	64
	現金預金増加	(E)	割引手形増加	230
			短期借入金増加	160
	合　　計	454	合　　計	454

	前期	当期
平均月商	200百万円	230百万円
平均月売上原価	160百万円	184百万円
売上債権回転期間	4.0か月	5.2か月
在庫回転期間	2.0か月	2.5か月
仕入債務回転期間	2.5か月	3.0か月

（百万円未満四捨五入）

└──────────────────────────────┘

財　務　分　析

☞ <u>基本問題との相違点</u>

①　資金運用表のうち、固定資金は順調な資金繰りであったが、運転資
　金繰りに問題のあるケースである。

②　運転資金の各項目を算出すると、かなり大幅な資金不足である。売
　上増加による資金需要もあるが、それ以上に各回転期間が大幅に長期
　化、取引条件悪化による運転資金が増加、運転資金不足となっている。

③　短期借入金等でカバーし、なんとか資金繰りをつけたという状況で
　ある。

【応用問題解答例】

(1) (A)売上債権増加　　　(230×5.2か月)－(200×4.0か月)＝<u>396百万円</u>

　　(B)棚卸資産増加　　　(184×2.5か月)－(160×2.0か月)＝<u>140百万円</u>

　　(C)仕入債務増加　　　(184×3.0か月)－(160×2.5か月)＝<u>152百万円</u>

　　(D)運転資金不足　　　(396＋140)－152＝<u>384百万円</u>

　　(E)現金預金増加　　　(454－384)＝<u>70百万円</u>

(2) 平均月商15％増加で、取引条件に変化がなければ、108百万円の運
　　転資金増加 (注) にとどまるべきところ、取引条件が悪化したため回
　　収が長期化して、上記計算のごとく、384百万円の資金が不足となっ
　　た。要するに売上債権の回収長期化、在庫負担増加などが原因とみら
　　れる。
　　　　したがって、K社の当期運転資金繰りは繁忙裡に推移したが、運転
　　資金不足分は割引手形と短期借入金といった金融取引の増加により、
　　調達されたといえる。

(注)　売上債権30×4.0＝120、棚卸資産24×2.0＝48、仕入債務24×2.5＝60
　　　となるため、運転資金は、120＋48－60＝108百万円増加。

～ *follow up* ～

資金運用表分析の特徴

　　資金運用表は、ある期間の資金の動きを大局的に表現してく
れる。それは資金繰表のように資金のフローそのものを対象と
するものではないから、きめこまかさの点では足りないが、逆
に資金繰表のように現金の動きという結果だけを見るのではな
く、その背後にある資金の動きの原因をつかむことができる。
加えて、資金運用表は銀行等における外部分析の立場からも、
容易につくることができる。したがって、資金運用表の分析は、
こうした特徴をよく活かして、実務では比率分析とともに財務
分析の出発点として、できるだけ行うべきである。

資金移動表

――― 基本問題 ―――

下記のL社の資料により、次の設問に答えなさい。

(1) L社の26期、27期の経常収入、経常支出を計算過程を示して算出し、経常収支尻および経常収支比率を算出しなさい。なお、比率は小数点以下第2位を四捨五入のこと。

(2) L社の上記2期間の支払能力の変化について時系列的に分析し、簡単に説明しなさい。

（単位：百万円）

貸借対照表抜粋	第25期	第26期	第27期
売上債権	317	415	538
棚卸資産	30	35	64
仕入債務	216	265	292
損益計算書抜粋			
売上高	1,156	1,386	1,524
売上原価	948	1,129	1,249
販売費及び一般管理費	198	215	228
営業外収益	24	25	26
営業外費用	30	36	38
経常利益	4	31	35
減価償却費	42	44	41
諸引当金繰入	4	5	6

☞本問のポイント

① 経常収入、経常支出の額を算出する。

② 経常収支尻、経常収支比率を算出する。

③ 経常収入、経常支出を時系列に比較し、また経常損益との関連を検討して、資金繰りの実態をつかむ。

解答欄（自己作成欄）

問題理解と解答作成ポイント

① 経常収入、経常支出の額は、まず損益計算書の経常収益項目（売上高、営業外収益）を基礎として、これに売上債権増減額が加減されて経常収入額が計算されること、同じく損益計算書の経常費用項目（売上原価、販売費及び一般管理費、営業外費用）を基礎として、これに仕入債務、棚卸資産の各増減額が加減されて経常支出額が計算されることを認識することが第一段階として必要である。経常利益は利益（純額）であっても、収益（総額）ではないから関係ない。収益と収入のズレ、また費用と支出のズレは、売上債権、仕入債務、棚卸資産という残高項目の増減額があるために発生するのであるから、これを加減すれば、経常収入、経常支出の額が算出される。

② 上記に加えて、経常支出額を算出するには、さらに、減価償却費、引当金繰入額という非現金支出費用を経常費用から差し引かなければならない。

③ 経常収支尻といった場合は、それは単に収入超過（または支出超過）というのでは足りず、○円収入超過（支出超過）としなければ不十分である。

④ 支払能力の変化分析については、題意から当然にうかがえるように、経常収支比率を中心にして分析することを要求している。

⑤ 支払能力の変化の原因（売上債権、在庫の回転期間長期化）にまで言及する解答が望ましい。

財務分析

★関連事項

1 資金移動表の型（数値は設例とは関係ない）

資金移動表の例示

(単位：百万円)

	支 出			収 入		
経常収支	仕入支出			売上収入		
	売 上 原 価	438		売 上 高	498	
	商 品 増 加	14		売上債権増加	△123	375
	買入債務増加	△ 97	355	営業外収入		
	営業費支出			営 業 外 収 益		6
	営 業 費	34		経常収入合計		381
	減 価 償 却 費	△ 6				
	引 当 金 増 加	△ 7		経常支出超過		10
	未払費用減少	3	24			
	営業外支出					
	営 業 外 費 用	9				
	前払費用増加	3	12			
	経常支出合計		391	合 計		391
固定収支	利益処分支出			特別収入		
	配 当		3	特 別 利 益	3	
	税金支出			引 当 金 減 少	△ 2	1
	法 人 税 等	5				
	未払法人税等	△ 2	3	固定収入合計		1
	固定設備支出					
	固定資産増加		53	固定支出超過		61
	特別支出					
	特 別 損 失	6				
	引 当 金 増 加	△ 3	3	合 計		62
	固定支出合計		62			
財務収支	経常支出超過		10	長期借入金増加		7
	固定支出超過		61	短期借入金増加		26
				割引手形増加		26
				現金預金減少		12
	合 計		71	合 計		71

2 資金移動表の主要収入・支出項目の算出方法

売 上 収 入＝売上高干売上債権増減額干割引手形増減額干前受金増減額

営業外収入＝営業外収益干前受収益増減額干未収収益増減額

仕 入 支 出＝売上原価干棚卸資産増減額干買入債務増減額干前渡金増減額

営業費支出＝「販売費及び一般管理費」－非現金支出項目｛減価償却費、

賞与引当金・退職給付引当金・貸倒引当金の増加額（減少の

場合は＋）∤∓未払費用増減額∓前払費用増減額

営業外支出＝営業外費用∓未払費用増減額∓前払費用増減額

【基本問題解答例】

(1)　　　　　　　　　　　　　　　　　　　　　（単位：百万円）

	第26期	第27期
売　上　高	1,386	1,524
売上債権増加	△98	△123
営業外収益	25	26
経常収入計(a)	1,313	1,427
売上原価	1,129	1,249
販売費及び一般管理費	215	228
棚卸資産増加	5	29
仕入債務増加	△49	△27
営業外費用	36	38
減価償却費	△44	△41
諸引当金繰入	△5	△6
経常支出計(b)	1,287	1,470

	収入超過	支出超過
経常収支尻（a－b）	26	43
経常収支比率	102.0%	97.1%

(2)　L社の経常収支尻は、26期は26百万円の収入超過であったが、27期は43百万円の支出超過に転じ、また経常収支比率も26期102.0%から27期は97.1%に低下し、前年までの順調な資金繰りに対し27期は苦しい資金繰りとなった。

　収益面では増収増益で順調であるが、売上債権回転期間は3.3ヵ月から3.6ヵ月へ、さらに4.2ヵ月へと長期化の傾向にあり、とくに27期は、売上債権の回収長期化をはじめ在庫増大もみられ、これらが業績順調の足を引っ張って、経常収支悪化を招いたものとみられる。

財務分析

応用問題

　下記のM社の損益計算書・比較貸借対照表および付属資料により、次の設問に答えなさい。

(1)　当期の資金移動表の「経常収支の部」を別記様式により作成するとともに、経常収支比率を計算過程を示して算出しなさい。なお、％の小数点以下第2位を四捨五入のこと。

(2)　M社の同期間の資金繰り状況について説明し、その原因を述べなさい。

損益計算書

（単位：百万円）

	前　期	当　期
売　上　高	1,663	1,829
売上原価	1,355	1,499
販売費及び一般管理費	257	274
営業外収益	30	31
営業外費用	43	46
経常利益	38	41
法人税、住民税及び事業税	18	20
当期純利益	20	21

〔付属資料〕

（単位：百万円）

販売費・一般管理費のうち

	前期	当期
減価償却費	20	22
諸引当金繰入	6	7

比較貸借対照表

(単位：百万円)

資　　　　産	前　期	当　期	負債・純資産	前　期	当　期
現 金 預 金	182	222	仕 入 債 務	318	350
売 上 債 権	498	625	短 期 借 入 金	90	225
棚 卸 資 産	42	77	未 払 法 人 税 等	11	12
固 定 資 産	240	264	諸 引 当 金	42	49
			長 期 借 入 金	180	216
			純 資 産	321	336
合　　　　計	962	1,188	合　　　　計	962	1,188

資金移動表「経常収支の部」

(単位：百万円)

支　　　出		収　　　入	
仕入支出		売上収入	
売上原価		売上高	
棚卸資産増減		売上債権増減	
仕入債務増減		営業外収入	
営業費支出		営業外収益	
販売費・一般管理費		経常収入合計	
減価償却費			
諸引当金増加			
営業外支出			
営業外費用			
経常支出合計		合　　　計	

財務分析

☞ 基本問題との相違点

① 貸借対照表の増減額より資金移動表を作成する。

② 経常収支尻の内容を検討し、その原因、背景をさぐり、資金繰りの
実態に触れる。

【応用問題解答例】

(1)

資金移動表「経常収支の部」

(単位：百万円)

支 出			収 入		
仕入支出			売上収入		
売上原価	1,499		売上高	1,829	
棚卸資産増減	35		売上債権増減	△127	1,702
仕入債務増減	△32	1,502	営業外収入		
営業費支出			営業外収益	31	31
販売費・一般管理費	274		経常収入合計		1,733
減価償却費	△22		経常支出超過		60
諸引当金増加	△7	245			
営業外支出					
営業外費用	46	46			
経常支出合計		1,793	合　計		1,793

$$経常収支比率＝\frac{1,733}{1,793}\times100＝96.7\%$$

(2)　M社の経常収支尻は、60百万円の経常支出超過、経常収支比率96.7％であり、資金繰りはやや苦しい状況にある。

　　当期の業績は、増収増益で順調にもかかわらず、経常収支尻が支出超過となっている。これは、売上債権回転期間が3.6ヵ月から4.1ヵ月に長期化していること、また、棚卸資産回転期間も0.3ヵ月から0.5ヵ月へ長期化、在庫増となっていることが主因と考えられる（これに対して仕入債務回転期間は各期とも2.3ヵ月と変わらず）。

~ *follow up* ~

資金移動表の分析

　　資金移動表の分析では、経常収支が収入超過になるか、支出超過になるか、また、それぞれの金額がどれほどか、さらに、経常収支比率はどの程度かによって、資金繰り状況や支払能力を判定する。しかし、経常収支尻の結果だけから資金繰りの状況のすべてがわかるわけでなく、回転期間等の分析結果とも関連させて、判断することが必要である。

資金繰表

出題【23年6月・問10】

基本問題

N商会（卸売業・9月決算）の10～12月の月次資金繰表（実績表）は、右記のとおりである。これによってN商会の資金繰り状況を簡単に説明し、借入金、割引手形の増減理由に言及しなさい。

資金繰表

（単位：百万円）

		10 月		11 月		12 月	
売　上　高		90		90		90	
仕　入　高		72		72		72	
		手形	現金	手形	現金	手形	現金
前月より繰越①		36	18	36	22	36	18
収入	売掛金回収	62	28	62	28	70	20
	手形取立	／	18	／	18	／	18
	手形割引	／	44	／	44	／	54
	（割引落込）		(44)		(44)		(44)
	小　計　②		90		90		92
支出	買掛金支払	58	14	58	14	60	12
	支手決済	／	56	／	56	／	56
	人　件　費		6		18		6
	経　　　費		10		10		14
	法人税等				8		
	小　計　③		86		106		88
差引過不足 （①＋②－③）			22		6		22
財務収支	借入金	／		／	12	／	
	借入金返済	／		／		／	
翌月へ繰越			22		18		22

財

務

分

析

☞ 本問のポイント

① 売上、仕入は変化なし。収入も大きく変化していないが、11月に支払が増加している。

② 11月は過不足額が大幅に減少。これを借入金でカバーしている。

③ 12月の回収で手形割合増加、また支払で手形払が若干増加、この12

月の回収、支払面の中味を要検討。一時的か恒久的か確かめ、その結果いかんで資金繰り対策を練る。

解答欄（自己作成欄）

問題理解と解答作成ポイント

　設問のうち、借入金・割引手形の増減理由については、比較的わかりやすいと思うが、これらに関連する資金繰り全般の状況や傾向について適切な説明を加えることが本問の主旨である。

　解答にあたっての留意点をいくつかあげてみよう。

①　繰越現金の残高が比較的あること、不足資金は割引や借入により調達していること等から、全般に資金繰りは順調であり懸念のおそれなしというふうに一見みられがちである。しかし、解答例にも触れているとおり、Ｎ商会の資金繰りの実態は必ずしも楽観を許さない。

②　11月の借入金は季節的な資金需要であるが、その借入金は今後返済しなければならないものであることに気づく必要がある。それが、全般の資金繰り状況の判断にあたって考えなければならない重要な要素の１つであるからである。

③　12月の手形回収割合の増加は、それが今後恒常的に続くのであれば、それだけ所要運転資金の維持が必要となるのであり、金融機関に対する手形割引増枠も増枠が必要と考えられるので、ぜひ触れてほしい。

　本問のような解答を記すにあたっては、上記のようなポイントに触れることのほかに、全般としてまとまった記述とすることが望ましい。そのまとめ方は、論旨が首尾一貫していることが大切であり、必ずしも解答例のとおりである必要はない。そうした表現能力を身につけることは、試験だけでなく、金融機関の実務のなかにあっても重要である。本問では、そのような答案全体のまとまりということについても気を配ることを望んでおく。

財務分析

★関連事項───────────────

●資金繰表を見る場合のチェックポイント

① 売上高は、どのような動きを示しているか。

② 仕入高の推移は、売上高の推移と原因と結果のような関係であるから一定の割合をもってバランスしているか。バランスしていなければ、それはどのような理由によるものか。在庫高の推移とも対比して検討してみる。

③ 売上高と回収、仕入高と支払は、それぞれバランスしているか。回収条件、支払条件のいかんによって、多くの場合は取引の発生と収支の発生の間にタイミングのズレがあるから、それを前提に検討する。

④ 現金売上と掛売上、また、現金回収と手形回収のそれぞれの割合や、手形サイトは変化していないか。

⑤ 在庫高の増減推移はどうか。②と関連して検討する。

⑥ 現金仕入と掛仕入、また、現金支払と手形支払のそれぞれの割合や、手形サイトは変化していないか。

⑦ 人件費、経費、設備支出、税金・配当などの支出は妥当か。

⑧ 以上のうち、設備支出、税金等の支払を除いた経常収支尻はどうか。

⑨ 月別の差引過不足の推移はどうか。それはどのような理由によるものか。一時的か、恒常的か。運転資金関係の勘定残高の推移とも対比して検討する。

⑩ 資金調達の状況、すなわち借入金や手形割引の推移はどうか。

資金繰表の形式例

稟議書No.		資 金 繰 推 移 表				月 日							
稟議書添付2号	依 頼 人				店 名					(単位：千円)			

		月実施	月実施	月実施	月実施	月実施	月実施	合	計
月 売 上 高									
月 仕 入 高									

		手形	現金	手形	現金	手形	現金	手形	現金	手形	現金	手形	現金	手形	現金
収入	経常収入	現 金 売 上													
		売 掛 金 回 収													
		手 持 手 形 取 立													
		手 形 割 引													
		（割引落込）	(	)	(	)	(	)	(	)	(	)	(	)	(	)
		前 受 金													
		（ 小 計 ）													
		㋺ 合 計													
支出	経常支出	材料費 現 金 仕 入													
		買 掛 金 支 払													
		支 手 決 済													
		前 渡 金													
		人 件 費													
		経 費													
		（ 小 計 ）													
		設 備 費													
		税 金 配 当													
		支 払 利 子													
		㋩ 合 計													
差引過不足㋑+㋺-㋩															
財務収支		借 入 金（運転）													
		〃 （設備）													
		借入金返済（運転）													
		〃 （設備）													
翌 月 へ 繰 越															
月末主要勘定残高		手 持 受 取 手 形													
		売 掛 金													
	在庫	製品・商品													
		仕掛品・半製品													
		原材料貯蔵品													
		（ 小 計 ）													
		前 渡 金													
		支 払 手 形													
		買 掛 金													
		未 払 金													
		前 受 金													
	借入金														
		その他													
		計													
	手形割引														
		その他													
		計													

一、前記相殺分はおのおの月売上高、月仕入高

二、前渡殺することの手形欄に㋺として内書すること

三、回収手形は手形欄に㋩として内書すること

四、人件費・経費の欄の一般管理販売費を含む

五、増資社債発行・労務費相当分・経費のそれぞれ流動支出の各欄に、限る財務収支欄に記入すること

財務分析

【基本問題解答例】

　一般運転資金の収支は10月は順調に推移したが、11月は賞与支払12百万円、決算法人税支払 8 百万円の季節的な資金需要が発生し、12百万円の決算・賞与資金の借入調達を要した。

　12月は、売掛金の現金回収が 8 百万円減少して手形回収となり、また、経費支払も 4 百万円増加したため、売上げ横ばいにもかかわらず、運転資金が不足し、手形割引10百万円の増額を要した。

　この売掛金の手形回収割合の増加は、それが今後ともコンスタントに続くのであれば、翌年 1 月以降も手形割引枠の増額が必要となる。また、11月の借入金は 1 月以降返済すべきものである。このようにみると、N商会の今後の資金繰りはやや繁忙になる気配にあり、注意を要する。

応用問題

　P社は、下の資金繰予定表にみられるように、7月は6月に比べ資金繰りが忙しく、手形割引の増額と借入金導入が必要となる。そこで、右記の資料を参考にして、次の設問に答えなさい。

(1) 売掛金、手持受取手形、買掛金および支払手形の各7月末残高を計算過程を示して算出しなさい。

(2) 6、7月の売掛金回収状況、買掛金支払状況の変化はないかを検討し、あわせて7月の資金繰り状況を説明しなさい。

資金繰予定表
（単位：百万円）

項　　目	6月	7月
前月より繰越①	33	27
収入 売掛金回収	72	51
（手形回収）	(108)	(119)
手形取立	54	50
手形割引	54	67
（割引落込）	(54)	(55)
合　計　②	180	168
支出 買掛金支払	60	60
（支手振出）	(90)	(90)
支手決済	102	105
人件費	15	40
諸経費	6	7
合　計　③	183	212
差引過不足（①+②−③）	30	△17
財務収支 借入金		30
借入金返済	3	
翌月へ繰越	27	13

売上高・仕入高の推移

	5月	6月	7月
売上高	180	170	185
仕入高	150	150	165

5月までの回収・支払条件
① 原則として、前月売上・仕入分を当月に回収・支払する。
② 回収内訳 現金40% 手形60%
　　支払内訳 現金40% 手形60%

5月末残高
売　　　掛　　　金 180　買掛金 150
手持受取手形 120　支払手形 210
割　引　手　形 157

（　）は現金以外での回収を意味する。

☞基本問題との相違点

① 売掛金・買掛金のほか、運転資金項目の残高を算出する。

② 売上、仕入との対比で売掛金、買掛金勘定残高の推移を検討、そこから回収条件、支払条件の変化状況を観察する。

財
務
分
析

③　7月は賞与資金が必要で借入導入を要し、②の点を含め、全体として資金繰りはやや繁忙の傾向と思われる。

【応用問題解答例】

(1)　売　掛　金　　180＋(170＋185)－(72＋108)－(51＋119)＝185百万円

　　　手持受取手形　120＋(108＋119)－(54＋54)－(50＋67)＝122百万円

　　　買　掛　金　　150＋(150＋165)－(60＋90)－(60＋90)＝165百万円

　　　支　払　手　形　210＋(90＋90)－(102＋105)＝183百万円

(2)　差引過不足が6月のプラスから7月にはマイナスに転じており、7月に資金的余裕のないことが読みとれる。その資金不足を補う借入金が実行されている。売掛金の回収状況は、6月までは前月売上分を当月現金40％、手形60％回収であったが、7月から現金30％、手形70％となり、手形割引が増加する。一方、買掛金の支払状況は5月までの前月分仕入を当月現金40％、手形60％支払であるが、これらは6、7月ともそのまま変化はない。

　　以上の売掛金の回収条件の変化により、手形のウエイトが高くなり回収が長期化した。よって7月以降は運転資金需要は増大し、割引増額が必要となる。

　　また、7月は人件費（賞与）支払のための資金（推定25百万円）が必要となり、差引17百万円の不足となるので、賞与資金を中心とした借入金導入により、資金カバーをする形となり、資金繰り繁忙である。

一般運転資金

基本問題

卸売業であるＱ社の下記の資料から、同社の正味運転資金は平均的にいくら必要になるか、計算過程を明確に示して答えなさい。なお、１ヵ月は30日として計算のこと。

平均月商	140百万円
売上原価率	80%
売上代金回収条件	
▶20日締切、月末回収	
▶回収内訳	現金 20%
	期間２ヵ月の手形 80%
商品在庫高	0.7ヵ月分
仕入代金支払条件	
▶25日締切、月末支払	
▶支払内訳	期間２ヵ月の手形 100%

財

務

分

析

☞ 本問のポイント

① 売掛金回収条件から売掛金の平均残高を求める。受取手形は平均サイトから平均残高、在庫高は平均回転期間から平均残高をそれぞれ求める。

② 買掛金、支払手形についても、上記の売掛金、受取手形に準じて、それぞれの平均残高を算定する。

③ 正味運転資金必要額は、（売掛金残高＋受取手形残高＋在庫残高）－（買掛金残高＋支払手形残高）により算出する。

解答欄（自己作成欄）

問題理解と解答作成ポイント

　運転資金量の計算は、入金額や出金額による資金の流れからつかむのは
むずかしく、一般にはストック面からつかむ。したがって、売上債権・在
庫・仕入債務の各平均残高から運転資金量を計算する。

　本問の一番の核心は、売掛金と買掛金の平均残高の算出方法である。平
均残高を出すためには、売掛金・買掛金の平均回転期間を算出しなければ
ならない。平均を出すためには最短である締切当日の売上（仕入）分と最
長である締切日の翌日の売上（仕入）分の回転日数を算出し、この２つを
加算して２で除すればよい。このように平均残高を出した解答をする必要
がある。最短期間である売掛金の10日間（20〜29日）、買掛金の５日間（25
〜29日）で出したのでは、正確な平均運転資金量は算出できない。

★関連事項

1　運転資金

　運転資金とは、経営を維持させるために企業が用意された固定設備等を
使って生産・販売・サービス活動を行うのに必要な資金をいう。これを簡
単にいえば、通常の営業活動に伴って必要とされる設備投資以外の投下資
金のことをさす。

　すなわち、企業では調達した資金を運用して物やサービスを購入し、こ
れを加工して製品在庫とし、さらに販売の過程を経て資金を回収する。そ
の回収資金は再び物やサービスの購入に資金投下され、それが何回も繰り
返されて営業活動が続けられる。

　このような資金循環の過程で、生産・販売活動は継続的に行われるので、
それを可能とするためには、投下資金が物やサービスに転化したもの、す
なわち原材料、仕掛品、製品、商品などを常時相当量の在庫として保有す
ることが必要となる。また、仕入代金や売上代金の決済では、買掛金、支

財務分析

払手形、売掛金、受取手形などの企業間信用が発生する。

　このように、原材料に加工をして製品化するまでには一定の時間が必要なので仕入から販売までの期間は、仕入代金と人件費その他の諸経費が立替払となり、それが在庫として残る。また、売上時点ですぐ収入がなく、仕入時点ですぐ支出がないために、一種の立替えとなる営業債権、あるいは先方に立て替えてもらう営業債務が発生する。かくして、運転資金需要は、これらの営業活動上の各種の資金立替払を総合したものから発生することになる。

　これをひとことでいえば、運転資金は収入と支出のタイミングが合わないで、支出が収入に先行することから発生するものということができる。

　このような運転資金の構造は、基本的には、次の図中に示されているように「売上債権＋在庫－仕入債務」としてとらえられる。所要運転資金量といったならば、この算式によって算出された額をさすのが普通である。

貸借対照表

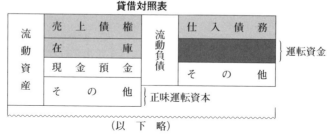

（以　下　略）

2　経常運転資金

　運転資金のなかでも最も典型的な経常運転資金の所要額の算定は、各運転資金項目が一般に売上高の増減に比例して増減することから、売上高との対比により次の算式によって行われる。

　　経常運転資金の所要額＝平均月商×(売上債権回転期間＋棚卸資産回転期間－仕入債務回転期間)

　上記の各回転期間は、「当該科目残高÷平均月商」により算出すること。

3　正味運転資本

正味運転資本＝流動資産－流動負債

【基本問題解答例】

・売掛金残高

平均売掛期間　$(39＋10)÷2＝24.5$日　　$140×\dfrac{24.5}{30}＝114.3$百万円……①

・受取手形残高

$140×$手形回収$80％×2$ヵ月＝224百万円……②

・商品残高

$140×$原価率$0.8×0.7$ヵ月＝78.4百万円……③

・買掛金残高

平均買掛期間　$(34＋5)÷2＝19.5$日　　$140×0.8×\dfrac{19.5}{30}＝72.8$百万円……④

・支払手形残高

$140×$原価率$0.8×2$ヵ月＝224百万円……⑤

・正味運転資金必要額

①＋②＋③－④－⑤＝114.3＋224＋78.4－72.8－224＝<u>119.9百万円</u>

財務分析

応用問題

　R社の当期営業状況は、平均月商が前期比10％増の330百万円で順調に推移したが、運転資金繰りはやや繁忙であった。よって、下記の運転資金項目の増減明細ならびに運転資金項目の各回転期間（前期対比）により、運転資金不足の原因を具体的に指摘しなさい。

運転資金項目の増減明細

（単位：百万円）

売上債権増加	456	
在 庫 増 加	204	660
仕入債務増加		270
差引資金不足		390

運転資金項目の各回転期間

	前期	（月商対比）当期
売上債権	4.2カ月	5.2カ月
在　　庫	1.3	1.8
仕入債務	2.4	3.0

（注）売上債権には割引手形を含む。

☞ 基本問題との相違点

① 　月商が10％増加しただけで取引条件変化なしの場合の増加運転資金93百万円を算定する。

② 　ところが運転資金各項目の回転期間が当期に変化したので、その回転期間の差額を乗じて算出したもの297百万円が取引条件変化による不足資金となる。

③ 　以上により、運転資金不足額390百万円のうち、①による増加運転資金が売上増加による不足額は93百万円であり、②の取引条件変化による不足額は297百万円となる。

【応用問題解答例】

　R社の運転資金不足の原因は、売上増加による純粋の増加運転資金需要と、取引条件変化に伴う不足運転資金需要の2つにもとづくものである。このうち、後者の取引条件変化による資金需要のウエイトがきわめて大きい。すなわち、月商が10%増加しただけで取引条件に変化がなければ、この増加運転資金は次のように93百万円必要なだけである。

　　　(330−300)百万円×(4.2+1.3−2.4)＝93百万円

　ところが、売上債権回転期間が4.2ヵ月から5.2ヵ月へと1ヵ月延長し、また、在庫回転期間が1.3ヵ月から1.8ヵ月へと0.5ヵ月延長して運転資金は従来に比べて合計1.5ヵ月分余分に必要となり、これに呼応して仕入債務回転期間も2.4ヵ月から3.0ヵ月へと運転資金調達分も0.6ヵ月延長されたので、差引正味運転資金は従来に比べ0.9ヵ月分多く必要となった。この取引条件の変化による不足資金は、次のように297百万円となる。

　　　330×{(5.2−4.2)+(1.8−1.3)−(3.0−2.4)}＝297百万円

　以上により、運転資金不足額390百万円のうち、売上増加による不足額は93百万円、取引条件変化による不足額は297百万円となる。

～*follow up*～

売掛金・買掛金の平均滞留期間

　たとえば、25日締切月末決済（回収または支払）ということは、滞留期間が最も長いものは締切日の翌日である26日の売上（仕入）分であり、その滞留期間は26日から決済日の翌月末の前日までの34日間となる。また、滞留期間が最も短いものは締切日の25日の売上（仕入）分であり、その滞留期間は25日から決済日の当月末の前日までの5日間となる。そこで、月中の売上・仕入が平均的にあるものとすれば、平均滞留期間は最長と最短の平均ということで、「(34＋5)÷2＝19.5日」と算定される。

財

務

分

析

特殊運転資金・設備資金

出題【22年10月・問10／20年10月・問10】

基本問題

　資本金100百万円（発行済株式数　2,000株）のS社（1年決算会社）から、決算資金90百万円の借入申出があった。(1)S社の決算資金必要額はいくらであるかを、同社の下記資料から算定して、その内訳明細とともに示し、(2)借入申出額の妥当性について説明しなさい。

税引前当期純利益	255百万円
同上に対する法人税等	120百万円
期首の繰越利益剰余金	30百万円
中間申告による納付済税金	72百万円
配当金の予定配当率　　1株につき5,000円	
剰余金からの役員賞与支払予定額	10百万円
準備金・積立金繰入予定額	100百万円

☞本問のポイント

① 　いわゆる決算資金に該当する税金、配当金、剰余金から支払う役員への賞与支払額を取り出し、検討する。

② 　中間申告の納付税金は該当しない。

③ 　積立金繰入は社外流出とならないので除外。

④ 　決算資金必要額を借入申出額と突合し、借入申出額が過大ならば、その分をカットする。

解答欄（自己作成欄）

財
務
分
析

問題理解と解答作成ポイント

　本問は、実務上多い決算資金の借入申出に対して、キャッシュアウトの
ある項目についてその使途と必要額を確認するもので、きわめて簡単な問
題である。したがって、財務分析上の特別な分析手法を用いる必要は全く
なく、与えられた資料のなかからいわゆる決算資金として支出されるもの
はどれかを確かめ、キャッシュアウトの合計額と借入申出額とが符号する
か、とくに借入申出額が必要額を上回ることがないかについて判定するこ
とがポイントとなっている。

　与えられた資料は、損益計算書の記載項目の一部と株主資本等変動計算
書に示されている諸項目である。このなかから、いわゆる決算資金として
支出されるものを取り出せば、その必要額は算出される。決算確定時に支
出されるものは、一般には税金と剰余金から分配される配当および役員賞
与の３つのものが代表的である。それ以外の項目は、なんら資金流出を伴
わないので、決算資金とは関係がない。誤りやすいものとしては、以下の
ようなものがあげられる。

① 　準備金・積立金繰入予定額は会計上の資本勘定であり、その繰入は計
　　算上の名目勘定に振り替えるものであるから、資金流出には関係がない。
② 　決算資金の必要額に対する財源として、税引前当期純利益や前期から
　　繰越されている繰越利益剰余金の残高を考え、その財源と必要額を対比
　　してその不足額を借入申出額と比較検討するのは、税引前当期純利益や
　　前期から繰越されている繰越利益剰余金の残高は、それだけの資金が企
　　業に存在するかどうかとは直接関係のない項目であるから、これは誤り
　　である。
③ 　上記②のような、当期純利益や繰越利益剰余金を資金項目として検討
　　しているものはすべて誤りである。
④ 　１年決算会社では、税金の支払は決算時だけでなく、期中に中間申告

納税を行うので、決算時の税金支払額はこの中間納税額を差し引いたものとなる。実務上、このような税金支払のしくみはぜひ知っておくことが必要である。

★関連事項

●減産・滞貨・赤字資金

　減産資金、滞貨資金、赤字資金の３つは、それぞれ個別の資金需要とみることができるが、実務ではこれらの資金需要は相互に関連しあっており、資金需要の発生順序も一般には減産→滞貨→赤字という過程を経て生じることが多い。

　まず、減産資金とは生産・売上の減少に伴って発生する資金需要である。必要運転資金が「売上債権＋在庫＞仕入債務」のかたちをとる多くの企業では、売上が増加すれば増加運転資金が発生するのであるから、逆に売上（生産）が減少すれば資金余剰が生じるはずである。ところが、売上が減少して売上債権が減少しても、それ以前に仕入れた分の仕入債務がすぐには減少せず、あるいは減っても売上債権の減少額ほどに減らない場合などには、過度的ながら運転資金負担が増加するという現象が生じる。これが減産資金とよばれるものである。

　また、上述の減産にいたるまでには、売上が最初に減少するが、その時点では生産は従来計画どおりに行われ、減産体制をとるまでの間は、「売上量＜生産量」の状態となり、在庫増加、滞貨発生となる。これに伴う資金需要が滞貨資金である。この滞貨資金は、上述の減産資金の一部ともいえるので、ことさらに滞貨資金を減産資金と区別しないで、同分類とすることも多い。なお、滞貨資金には減産までに至らない一時的な売上減少による滞貨の資金需要が含まれることもある。しかし、売上減少が長引けば、やがて減産に移ることは必至であり、この場合は滞貨→減産の順に発生する。

財務分析

　減産が長期間続けば、収益力の低い企業は操業度低下→コスト高となり、需要減による売価の低下なども加わってやがて赤字となる。赤字の発生は、それだけ完全に資金ロスとなるから、運転資金繰りに支障をきたし、不足資金を満たすための資金需要が発生する。これが、赤字資金である。赤字資金は、相応の体力のある企業などでは少額のうちは大きな問題とならないが、何期間かの赤字が累積すると資金不足が大きくなり、企業経営に重大な事態を招くにいたる。

　以上の減産、滞貨、赤字の一連の資金需要は、その原因、背景といったものがいずれも企業にとって芳しいものではない。それゆえに、これらの資金需要に対する金融機関への融資申込みは、表向きには増加運転資金などと装ってくることも考えられる。よって、企業の実態と資金需要の原因を正しくつかむことが緊要であり、表面的な分析にとどまって、誤った融資判断を下すことのないようにしたい。また、こうした資金需要は後向きの資金であるから、融資判断には一層の慎重さが必要である。とくに、今後の業況回復策や資金計画を厳正に検討し、融資金返済の目途を確かめ、不測の事態に備え債権保全面の配慮が必須条件となる。

【基本問題解答例】

(1)
決算資金必要額

(単位：百万円)

税金支払額		
法人税等計上額	120	
中間納付額	△ 72	48
配当支払額		
5,000円×2,000		10
剰余金からの役員賞与支払額		10
必要額合計		68

(2)　上記のとおり、決算資金必要額は68百万円となるので、借入申出額は22百万円過大である。

応用問題

　Ｔ社より次期第15期の設備投資計画に対する工場増設資金375百万円の借入申込みがあり、これを３年間にわたり均等分割返済したいとのことである。よって、Ｔ社より得た下記の資料により、(1)長期資金収支予定表を作成し、(2)その返済可能性を具体的に検討しなさい。

（単位：百万円）

	第15期	第16期	第17期
減価償却費	112	90	83
経常利益	465	550	570
法人税等	205	250	275
配当・役員賞与支払	55	55	55
設備投資額	500	18	18
税引前当期純利益	450	500	550
既存長期借入金返済	75	75	
本件長期借入金返済	125	125	125

☞基本問題との相違点

① 　３期間の調達と運用を内容別にかためる。

② 　減価償却費は、内部留保として調達に含める。

③ 　既存借入金の返済を運用として計上する。

④ 　年度別に過不足額を算定し、不足する年度については、返済方法を再検討し、過不足の生じないよう、調整することとする。

【応用問題解答例】

(1)

（単位：百万円）

（調　達）	第15期	第16期	第17期
内部留保			
税引前当期純利益	450	500	550
法人税等	△205	△250	△275
配当・役員賞与支払	△55	△55	△55
小　計	190	195	220
減価償却費	112	90	83
合　計	302	285	303
本件長期借入金	375		
調達合計（ａ）	677	285	303
（運　用）			
設備投資	500	18	18
既存長期借入金返済	75	75	
本件長期借入金返済	125	125	125
運用合計（ｂ）	700	218	143
差引過不足（ａ－ｂ）	△23	67	160

(2)　借入金375百万円の3年間均等分割返済は、初年度第15期に23百万円の資金不足となるので無理である。ただし、3年間通期では本収支予定が慎重な見通しによるものであれば、返済能力は十分にあるものと考える。そこで、第15期の返済額をたとえば80百万円程度に圧縮し、第16期、第17期返済額をそれぞれ22.5百万円ずつ増額するよう返済方法を変更すれば資金収支に支障はなく、返済は可能である。

～ *follow up* ～

> **季節資金**
>
> 　季節資金は一定期間の資金需要に対して発生するものだが時期によって所要額が異なり、在庫資金か収支のズレによる不足資金か、資金需要の原因も異なるので、日次決算の資料がないと実態はつかみにくい。仕入、生産、販売の各計画のバランスを考え、前年同期の実績を勘案しながら、資金繰表等をもとに各月の所要額や資金需要の原因を明確につかむ必要がある。

財務分析

キャッシュ・フロー計算書

出題【23年10月・問9／23年6月・問9／22年10月・問9／22年6月・問9／21年10月・問10／21年6月・問9／20年10月・問9】

基本問題

下記のU社資料から、次の設問に答えなさい。

(1) 当期のキャッシュ・フロー計算書のうち、間接法による「営業活動によるキャッシュ・フローの部」を別記様式により作成しなさい。

(2) U社の営業活動によるキャッシュ・フローについて、簡単に説明しなさい。なお、他のキャッシュ・フローは下記のとおりである。

投資活動キャッシュ・フロー　　△11百万円

財務活動キャッシュ・フロー　　　11百万円

貸借対照表

U社　　　　　　　　　　　　　　　　　　　　　　　　（単位：百万円）

資　　　　産	期首	期末	負 債・純 資 産	期首	期末
現 金 預 金	50	53	仕 入 債 務	49	52
売 上 債 権	64	74	短 期 借 入 金	5	6
棚 卸 資 産	12	15	未 払 金	8	6
有 価 証 券	4	4	賞 与 引 当 金	3	3
貸 倒 引 当 金	△1	△2	未 払 法 人 税 等	2	3
有 形 固 定 資 産	82	85	長 期 借 入 金	10	20
			退 職 給 付 引 当 金	5	6
			資 本 金	20	20
			利 益 剰 余 金	109	113
合　　　　計	211	229	合　　　　計	211	229

(注)　1　現金預金は、全額が現金および現金同等物である。

　　　 2　借入金の期中取引は、次のとおりである。

　　短期借入金　借入　10百万円、返済　9百万円

　　長期借入金　〃　　15百万円、〃　　5百万円

損益計算書（当期）

U社　　　　　　　×年×月×日	（単位：百万円）
売上高	300
売上原価	244
（うち減価償却費）	（ 7）
売上総利益	56
販売費及び一般管理費	48
（うち減価償却費）	（ 1）
（うち貸倒引当金繰入）	（ 1）
（うち退職給付引当金繰入）	（ 1）
営業利益	8
営業外収益	1
（受取利息）	
営業外費用	1
（支払利息）	
経常利益	8
税引前当期純利益	8
法人税、住民税及び事業税	4
当期純利益	4

間接法によるキャッシュ・フロー計算書
U社営業活動によるキャッシュ・フロー
　税引前当期純利益　＿＿＿

（空欄）

　　小　　計　＿＿＿

営業活動によるキャッシュ・フロー＿＿＿

財務分析

☞本問のポイント

① 間接法による「営業活動によるキャッシュ・フローの部」を作成する。

② 営業活動、投資活動、財務活動の各キャッシュ・フローの合計額は、現金預金増減額と一致しているかを確かめる。

③ 営業活動によるキャッシュ・フローの額を当期純利益の額と比較するなどして、その水準を評価する。

④ 売上債権、在庫が増加し、仕入債務が減少しているなどがキャッシュ・フローの増減に影響していることに留意。

解答欄（自己作成欄）

問題理解と解答作成ポイント

U社の直接法による「営業活動によるキャッシュ・フロー」

（単位：百万円）

営業収入	290
売上原価支出	△237
販売費及び一般管理費支出	△ 47
小　　　計	6
利息受取額	1
利息支払額	△ 1
法人税等の支払額	△ 3
営業活動によるキャッシュ・フロー	3

U社の「投資活動および財務活動によるキャッシュ・フロー」

（単位：百万円）

投資活動によるキャッシュ・フロー	
有形固定資産取得支出	11
（85−82＋8＝11）	
投資活動によるキャッシュ・フロー	△11
財務活動によるキャッシュ・フロー	
短期借入による収入	1
長期借入による収入	10
財務活動によるキャッシュ・フロー	11
現金預金の増加額	3
現金預金期首残高	50
現金預金期末残高	53

【直接法による計算過程】

営業収入

　売　上300−売上債権増加10＝290

売上原価支出

　売上原価244＋棚卸資産増加3−減価償却7−仕入債務増加3＝237

販売費及び一般管理費支出

　販管費48−貸倒引当金増加1−退職給付引当金増加1−減価償却費1＋未払
　金減少2＝47

利息受取額　　　1

利息支払額　　　1

法人税の支払額

　前期末未払法人税等2＋当期法人税等4−当期末未払法人税等3＝3

財
務
分
析

★関連事項

1　キャッシュ・フロー計算書とは

キャッシュ・フロー計算書は、貸借対照表や損益計算書とともに基本財務諸表の１つとして位置づけられるものである。

キャッシュ・フロー計算書とは、一定期間における現金の収支の流れを一表にまとめたものである。すなわち、一定期間の資金の収入・支出がどれだけあり、その結果、期首から繰り越された現金及び現金同等物の額がどれだけ増減し、期末の現金及び現金同等物の残高がいくらあるかという結果をまとめた表をいう。

2　資金の範囲

キャッシュ・フロー計算書では、対象とする資金の範囲は、現金預金（手許現金および要求払預金）および現金同等物としている。ここでいう要求払預金とは、顧客が事前の通知なしに、または数日の事前通知により元本を引き出せる期限の定めのない預金をいう（普通預金、当座預金、通知預金を含み、３ヵ月を超える定期預金を含まず）。現金同等物とは、容易に換金可能であり、かつ、価格変動について僅少なリスクしか負わない流動性の高い有価証券などの金融資産をいう。価格変動リスクの高い株式は現金同等物に含まれないが、取得日から満期日までの期間が３ヵ月以内の短期投資である定期預金、譲渡性預金、コマーシャル・ペーパーなどは、現金同等物に含まれる。

3　表示区分

キャッシュ・フロー計算書では、一会計期間のキャッシュ・フローを、「営業活動によるキャッシュ・フロー」「投資活動によるキャッシュ・フロー」「財務活動によるキャッシュ・フロー」の３つに区分して表示する。

(1)　「営業活動によるキャッシュ・フロー」

商品および役務の販売による収入、商品および役務の購入による支出等、

営業損益計算の対象となった取引のほか、投資活動および財務活動以外の取引によるキャッシュ・フローを記載する。なお、商品および役務の販売により取得した手形の割引による収入等、営業活動にかかわる債権・債務から生ずるキャッシュ・フローは、営業活動キャッシュ・フローの区分に表示する。

(2)　「投資活動によるキャッシュ・フロー」

固定資産の取得および売却、現金同等物に含まれない投資有価証券の取得および売却などによるキャッシュ・フローを記載する。

(3)　「財務活動によるキャッシュ・フロー」

株式の発行による収入、自己株式の取得による支出、社債の発行、償還および借入・返済による収入・支出等、資金の調達および返済によるキャッシュ・フローを記載する。

4　表示方法

「営業活動によるキャッシュ・フロー」の表示方法には、主要な取引ごとに収入総額と支出総額を表示する方法（直接法）と、純利益に必要な調整項目を加減して表示する方法（間接法）とがある。日本基準では継続適用を条件として、これらの選択適用を認めている。これに対して、ＩＦＲＳでは直接法を推している。

①　直接法による表示方法は、営業活動によるキャッシュ・フローが総額で表示される点に長所が認められる。しかし、これには主要取引ごとにキャッシュ・フローに関する基礎データを用意することが必要であり、実務上キャッシュ・フロー計算書の作成には手数を要する。

②　間接法による表示方法は、純利益と営業活動にかかわるキャッシュ・フローとの関係が明示される点に長所が認められる。

なお、わが国の企業会計では「営業活動によるキャッシュ・フロー」を間接法により表示する場合には、法人税等を控除する前の当期純利益から開始する形式によることとし、法人税等の支払額は独立の項目として明示

財務分析

することとされている。

　キャッシュ・フロー計算書の標準的な様式を示すと、直接法が次頁の様式1、間接法が次々頁の様式2のとおりである。

5　分析のポイント

　キャッシュ・フロー計算書は、それによって企業の支払能力なり債務弁済能力を評価しようというねらいをもつものであるが、具体的な分析ポイントをあげてみると、次のとおりである。

①　営業活動、投資活動、財務活動の3つの活動分野ごとの検討が最初であり、後はその3つの分野の関連、つながり状況を検討することがポイントとなる。

②　まず、「営業活動によるキャッシュ・フロー」がプラスかマイナスかをみる。一般にはプラスが大きいほどよい。前年度との比較などが有用である。「営業活動によるキャッシュ・フロー」のマイナスは好ましくない。何が原因か追求のこと。一時的なものならよいが、長期的、構造的なものは要注意。

③　「投資活動によるキャッシュ・フロー」は、一般にマイナスが多い。金額が大きい場合は、前年比較などとともに投資内容を検討、成果見通しと関連づけて検討する。マイナスが多い場合は、財務活動との関連をチェックする。「営業活動によるキャッシュ・フロー」のプラスで「投資活動キャッシュ・フロー」のマイナスをカバーしているのであれば、ノーマルな資金繰りといえよう。

④　「財務活動によるキャッシュ・フロー」は営業活動、投資活動との関連での資金調達が多いはずで、それぞれの関連から納得のいく調達であれば問題はない。予期しない、または計画外の資金調達には、十分留意する。

⑤　キャッシュ・フロー全体の総額の増減はどうか。活動3分野間での資金の流れは順調なのかどうか。現金および現金同等物の期末手持額

は、余裕含みか、過小でないか、前年比較などにより検討する。

（様式 1）「営業活動によるキャッシュ・フロー」を直接法により表示する場合

Ⅰ　営業活動によるキャッシュ・フロー	
営業収入	×××
原材料または商品の仕入による支出	△×××
人件費の支出	△×××
その他の営業支出	△×××
小計	×××
利息および配当金の受取額	×××
利息の支払額	△×××
損害賠償金の支払額	△×××
…………	×××
法人税等の支払額	△×××
営業活動によるキャッシュ・フロー	×××
Ⅱ　投資活動によるキャッシュ・フロー	
有価証券の取得による支出	△×××
有価証券の売却による収入	×××
有形固定資産の取得による支出	△×××
有形固定資産の売却による収入	×××
投資有価証券の取得による支出	△×××
投資有価証券の売却による収入	×××
貸付けによる支出	△×××
貸付金の回収による収入	×××
…………	×××
投資活動によるキャッシュ・フロー	×××
Ⅲ　財務活動によるキャッシュ・フロー	
短期借入れによる収入	×××
短期借入金の返済による支出	△×××
長期借入れによる収入	×××
長期借入金の返済による支出	△×××
社債の発行による収入	×××
社債の償還による支出	△×××
株式の発行による収入	×××
自己株式の取得による支出	△×××
配当金の支払額	△×××
…………	×××
財務活動によるキャッシュ・フロー	×××
Ⅳ　現金および現金同等物に係る換算差額	×××
Ⅴ　現金および現金同等物の増加額（または減少額）	×××
Ⅵ　現金および現金同等物の期首残高	×××
Ⅶ　現金および現金同等物の期末残高	×××

財

務

分

析

（様式2）「営業活動によるキャッシュ・フロー」を間接法により表示する場合

```
Ⅰ　営業活動によるキャッシュ・フロー
　　　税引前当期純利益（または税引前当期純損失）　　　×××
　　　減価償却費　　　　　　　　　　　　　　　　　　　×××
　　　減損損失　　　　　　　　　　　　　　　　　　　　×××
　　　貸倒引当金の増加額　　　　　　　　　　　　　　　×××
　　　受取利息および受取配当金　　　　　　　　　　　△×××
　　　支払利息　　　　　　　　　　　　　　　　　　　　×××
　　　為替差損　　　　　　　　　　　　　　　　　　　　×××
　　　有形固定資産売却益　　　　　　　　　　　　　　△×××
　　　損害賠償損失　　　　　　　　　　　　　　　　　　×××
　　　売上債権の増加額　　　　　　　　　　　　　　　△×××
　　　棚卸資産の減少額　　　　　　　　　　　　　　　　×××
　　　仕入債務の減少額　　　　　　　　　　　　　　　△×××
　　　…………　　　　　　　　　　　　　　　　　　　　×××
　　　　　　小計　　　　　　　　　　　　　　　　　　　×××
　　　利息および配当金の受取額　　　　　　　　　　　　×××
　　　利息の支払額　　　　　　　　　　　　　　　　　△×××
　　　損害賠償金の支払額　　　　　　　　　　　　　　△×××
　　　…………　　　　　　　　　　　　　　　　　　　　×××
　　　法人税等の支払額　　　　　　　　　　　　　　　△×××
　　　営業活動によるキャッシュ・フロー　　　　　　　　×××

Ⅱ　投資活動によるキャッシュ・フロー（様式1に同じ）

Ⅲ　財務活動によるキャッシュ・フロー（様式1に同じ）

Ⅳ　現金および現金同等物に係る換算差額　　　　　　　　×××
Ⅴ　現金および現金同等物の増加額（または減少額）　　　×××
Ⅵ　現金および現金同等物の期首残高　　　　　　　　　　×××
Ⅶ　現金および現金同等物の期末残高　　　　　　　　　　×××
```

【基本問題解答例】

(1)

間接法によるキャッシュ・フロー計算書
（単位：百万円）

営業活動によるキャッシュ・フロー	
税引前当期純利益	8
減価償却費	8
貸倒引当金増加額	1
退職給付引当金増加額	1
受取利息	△ 1
支払利息	1
売上債権の増加額	△ 10
棚卸資産の増加額	△ 3
仕入債務の増加額	3
未払金の減少額	△ 2
小　計	6
利息の受取額	1
利息の支払額	△ 1
法人税等の支払額	△ 3
営業活動によるキャッシュ・フロー	3

(2)　営業活動によるキャッシュ・フローは、3百万円であり、当期純利益4百万円よりやや少ないが、まずまずの資金繰り状況にある。

　内容的にみると、売上債権の増加10百万円が顕著にキャッシュ・フローの減少の原因となっている。売上債権の増加が売上増加によるものなのか、回収長期化によるものなのか、検討の必要がある。棚卸資産の増加3百万円は、仕入債務の増加と同額であり、相殺して考えるならばキャッシュ・フローの負担とはなっていない。

　ややキャッシュの絶対額が不足気味ながらも、全体としてはほぼバランスがとれ、順当なキャッシュ・フローといえよう。

財務分析

応用問題

下記のW社資料から、次の設問に答えなさい。

(1) 当期のキャッシュ・フロー計算書のうち、直接法による「営業活動によるキャッシュ・フローの部」を別記様式により作成し、各収支項目ごとの数値の計算過程を示しなさい。

キャッシュ・フロー計算書	
W社	（単位：百万円）
Ⅰ．営業活動によるキャッシュ・フロー	
営業収入	＿＿＿＿
売上原価支出	＿＿＿＿
販売費及び一般管理費支出	＿＿＿＿
利息の受取額	＿＿＿＿
支払利息支払額	＿＿＿＿
法人税等の支払額	＿＿＿＿
営業活動によるキャッシュ・フロー	＿＿＿＿

(2) W社の営業活動によるキャッシュ・フローについて、簡単に説明しなさい。なお、W社の当期は、前期比約20％の売上減少の業況であった。

W社　　　　貸借対照表（単位：百万円）

資　　産	期首	期末	負債・純資産	期首	期末
現金預金	31	21	仕入債務	55	35
売上債権	96	64	短期借入金	20	13
棚卸資産	24	23	未 払 金	2	0
貸 付 金	3	5	未払法人税等	4	3
貸倒引当金	△3	△2	長期借入金	26	12
有形固定資産	5	4	資 本 金	30	30
			利益剰余金	19	22
合　　計	156	115	合　　計	156	115

損益計算書（当期）

W社	（単位：百万円）
売上高	229
売上原価	161
売上総利益	68
販売費及び一般管理費	55
（うち減価償却費）	（ 6）
（うち貸倒引当金繰入）	（△1）
営業利益	13
営業外収益（受取利息）	2
営業外費用（支払利息）	2
経常利益	13
特別損失	2
税引前当期純利益	11
法人税等	5
当期純利益	6

(注) 1　現金預金は、全額が現金および現金同等物である。
　　　2　特別損失2百万円は、固定資産売却損であり、簿価4百万円の固定資産を2百万円で売却したものである。
　　　3　借入金の期中取引は、次のとおりである。

短期借入金　借入　15百万円、返済　22百万円
長期借入金　返済　14百万円

　　　4　未払金は一般管理費の未払額である。

☞ 基本問題との相違点

① 直接法による「営業活動によるキャッシュ・フローの部」を作成する。

② 「営業活動によるキャッシュ・フロー」は営業利益に比し、大幅増加の結果をきたす。

③ 売上減少による運転資金必要額の減少と思われる。

④ 資金余剰分は借入金返済に流れ、資金繰りは順当であった。

⑤ 営業収入の金額は売上高に売上債権の期中での増減を考慮して算出することになる。仕入債務も同様に仕入債務と棚卸資産の期中増減を考慮したうえで算出する。

【応用問題解答例】

(1)

キャッシュ・フロー計算書	
W社	（単位：百万円）

Ⅰ．営業活動によるキャッシュ・フロー

営業収入	261
売上原価支出	△180
販売費及び一般管理費支出	△52
利息の受取額	2
支払利息支払額	△2
法人税等の支払額	△6
営業活動によるキャッシュ・フロー	23

〈計算過程〉

営業収入　売上高229＋売上債権の減少（資金としてはプラス）32＝261

売上債権の減少　期首売上債権96－期末売上債権64＝32

受取利息収入　受取利息 2　仕入債務の減少　期首仕入債務55－期末仕入債務

財

務

分

析

35＝20、棚卸資産の減少　期首棚卸資産24－期末棚卸資産23＝1

売上原価支出　売上原価161＋仕入債務の減少（資金としてはマイナス）

20－棚卸資産の減少1＝<u>180</u>

販売費及び一般管理費支出　販売費及び一般管理費55－減価償却費

（資金としてはプラス）6＋貸倒引当金の減少（資金としてはマイナス）1＋

未払金の減少2＝<u>52</u>

支払利息支出　支払利息　　<u>2</u>

法人税等支払　期首の未払法人税4＋法人税等5－期末未払法人税

3＝<u>6</u>

　　直接法のキャッシュ・フローを推定する問題の場合は、まずベースと
して損益計算書の数値を把握し、これに関連する貸借対照表の増減を加
味して算出する考え方をとる。

⑵　営業活動によるキャッシュ・フローは、23百万円に達し、営業利益
　に比し倍増のキャッシュ・フローを得た。

　　その原因は、前期比売上が約20％減少し、そのために運転資金の必
　要額が減少したことが大きいと思われる。営業活動によるキャッシュ
　・フローは仕入債務の返済と借入金の返済にもまわされ、現金預金は
　結果的には減少となったが、順当な資金繰りであったといえる。

～ *follow up* ～

　　　W社の間接法による「営業活動によるキャッシュ・フロー」、「投資活動によるキャッシュ・フロー」および「財務活動によるキャッシュ・フロー」は以下のとおりである。

W社
間接法による「営業活動によるキャッシュ・フロー」
（単位：百万円）

税引前当期純利益	11
減価償却費	6
貸倒引当金減少	△1
売上債権減少	32
仕入債務減少	△20
棚卸資産減少	1
未払金減少	△2
受取利息	△2
支払利息	2
固定資産売却損	2
受取利息の受取額	2
支払利息の支払額	△2
法人税等の支払額	△6
営業活動によるキャッシュ・フロー	23

W社
「投資活動によるキャッシュ・フロー」および「財務活動によるキャッシュ・フロー」
（単位：百万円）

投資活動によるキャッシュ・フロー		
有形固定資産売却収入		
売却簿価4－売却損2＝		2
有形固定資産取得支出		
有形固定資産減少△1＋減価償却費6＋売却簿価4＝ 9		
貸出金支出	2	11
投資活動によるキャッシュ・フロー		△9
財務活動によるキャッシュ・フロー		
短期借入金収入		15
配当金支出	3	
短期借入金返済支出	22	
長期借入金返済支出	14	39
財務活動によるキャッシュ・フロー		△24
現金預金減少額		10
現金預金期首残高		21
現金預金期末残高		31

※　「投資活動によるキャッシュ・フロー」および「財務活動によるキャッシュ・フロー」については、直接法、間接法での違いはない。

財務分析

【キャッシュ・フローを改善する方法】

① 貸借対照表面からの改善法（営業キャッシュ・フロー、
投資キャッシュ・フローの改善法)

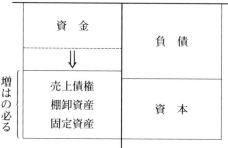

　資金項目以外の資産を売却するなどして現金化すること
で資金を増やすことができる。

　そのほかに借入金を増やしたり、増資することで資金を
増やすこともできる。

② 貸借対照表面からの改善法（財務キャッシュ・フローの
改善)

　上記①、②のように、キャッシュ・フローを改善するた
めに、資金（現金預金＋流動性の有価証券、ただし、3ヵ
月を超える定期預金を除く）を増やすためには、貸借対照
表の面からは2つの方法があり、損益計算書の面からは1
つの方法がある。

③ 損益計算書の面からは、当期純利益が増加すれば資産が
大きくなる。資産が大きくなり、資金以外の項目を圧縮す
れば資金が大きくなる。この方法は営業活動キャッシュ・
フローを改善する。

会社の株価算定・評価について

出題 【21年10月・問9】

基本問題

　下記のC社（製造業、年1回、3月末日決算）の株式の評価額について、次の設問に答えなさい。なお、C社の発行済株式総数は6,000株であり、すべて普通株式である。

(1) 次の＜貸借対照表（要約）＞および＜付属資料1＞にもとづき、時価純資産法により、C社の第20期末時点の株式1株当りの評価額を、計算過程を示して算出しなさい。なお、時価評価した際の含み益については、法人税等を考慮しないこととする（含み益は全額、純資産の増加とする）。また、計算にあたっては、千円未満を四捨五入のこと。

(2) ＜付属資料2＞は、DCF法によるC社の第20期末時点の株式1株当りの評価額について、算出手順を図表にしたものである。＜付属資料2＞の空欄A〜Eに入る金額を記入しなさい。なお、営業フリー・キャッシュ・フローの現在価値は、営業フリー・キャッシュ・フローの期待値を加重平均資本コスト（WACC）で割り引いて算出するものとし、その加重平均資本コスト（WACC）は、10%とする。また、計算にあたっては、単位が百万円のものは百万円未満を四捨五入し、千円のものは千円未満を四捨五入のこと。

(3) 株式価値の評価方法としての時価純資産法とDCF法について、それぞれの利点を1つずつ簡潔に述べなさい。

財務分析

貸借対照表（要約）

（単位：百万円）

資　産	第20期	負債・純資産	第20期
流動資産	420	流動負債	220
固定資産	580	固定負債	480
		純資産	300
合　計	1,000	合　計	1,000

〈付属資料1〉

　・C社が保有する土地（簿価100百万円）の第20期末時点の時価は、130百万円である。
　・上記の土地以外のすべての資産および負債の第20期末時点の時価は、簿価と同額である。

〈付属資料2〉

項　目	第21期	第22期	第23期
営業フリー・キャッシュ・フローの期待値（注1）	88百万円	121百万円	1,331百万円
営業フリー・キャッシュ・フローの現在価値（注2）	80百万円	（　A　）百万円	（　B　）百万円

項　目	第20期
現在価値の合計（企業価値）	（　C　）百万円
有利子負債	400百万円
株主価値	（　D　）百万円
発行済株式総数	6,000株
1株当りの評価額	（　E　）千円

（注1）第23期の営業フリー・キャッシュ・フローの期待値には、第24期以降の終価（ターミナルバリュー）を含む。
（注2）各期の営業フリー・キャッシュ・フローは年度末に発生するものとする。

☞ 本問のポイント

① 株価の算定の必要性を理解する。

② 具体的な評価方法を理解する。

③ それぞれの方法がどのような局面で使われるか考える。

解答欄（自己作成欄）

財　務　分　析

問題理解と解答作成ポイント

　株式価値を評価する手法には、一般にネットアセット・アプローチ、インカム・アプローチ、マーケット・アプローチの３つがあるといわれる。本問は、ネットアセット・アプローチの代表的な手法である時価純資産法と、インカム・アプローチの代表的な手法であるＤＣＦ法に関する問題である。

　時価純資産法とは、評価対象企業の貸借対照表の資産および負債を時価で評価し直して時価純資産額を算出し、１株当りの評価額を算出する方法である。なお、すべての資産および負債を時価評価することが困難な場合、土地や有価証券等の主要な資産のみ時価評価することがあり、これを修正簿価純資産法ということもある。

　設問(1)では、貸借対照表の純資産（300百万円）に土地の含み益（30百万円）を加算することで時価純資産が算出される。本問でも含み益について法人税等を考慮しないという条件があるため、時価純資産は330百万円となる。これを発行済株式総数6,000株で除することで１株当りの評価額が55千円と算出される。

　設問(2)のＤＣＦ法は、フリー・キャッシュ・フロー法ともいわれ、評価対象企業の将来の営業フリー・キャッシュ・フローの期待値を加重平均資本コスト（ＷＡＣＣ）で割り引くことで企業価値を算出し、そこから負債価値を控除することで株主価値を算出することができる。

　また、営業フリー・キャッシュ・フローは、税引後営業利益に減価償却費を加算し、投資支出を控除し、運転資本の増加・減少額を控除・加算することで計算される。また、営業フリー・キャッシュ・フローを割り引くことで事業価値が算出され、ここに非事業資産の価値を含めたものが企業価値である。本問の場合、事業価値と企業価値は同額としている。

　なお、本問では３年間の営業フリー・キャッシュ・フローを割り引いて

いるが、通常は５年間の営業フリー・キャッシュ・フローを割り引くのが一般的であろう。

　時価純資産法は、評価対象企業の貸借対照表をもとに計算を行うことから、評価に恣意性が入る余地が小さく、客観性が高いという利点がある。またＤＣＦ法と比較して、計算も容易であるという利点がある。一方、貸借対照表が適正ではない場合や、資産や負債の時価情報を入手することができない場合には適していない。

　ＤＣＦ法は、評価対象企業の事業計画等をもとに評価を行うことから、評価対象企業の将来の収益獲得能力を価値に反映しやすいという利点がある。一方、企業の事業計画等をもとに算出することから、将来情報に対する恣意性を排除することが難しく、客観性が高いとはいえない。

★関連事項

1　株価算定の必要性

　Ｍ＆Ａ等の企業買収や株式の譲渡、自己株式の取得などの局面においては、その会社の１株当りの株価を算定して取引が行われる。したがって会社の株価の算定・評価が必要となる。

　上場会社の場合には、市場での株式取引により公正な株式の価額が出ているので、この株価に株式数を乗じれば取引する株式の株価算定が可能である。

　これに対して株式が公開されていない非上場株式は、適正な価額がいくらであるのかを公平に判断する指標がなく、価額が主観的になりがちであるため、株価を巡り様々な実務上の問題が生じる。

　そこで、非上場株式の評価については、代表的な評価の方法を理解するとともに、併せて過去に出題されている問題も検討しておく必要がある。

財務分析

2　非上場株式の評価方法

非上場株式の評価方法には様々なものが存在している。

　一般的に大きくインカム・アプローチ、マーケット・アプローチ、ネットアセット・アプローチの3つに分類される。

⑴　インカム・アプローチ

　インカム・アプローチとは、会社が将来獲得する利益やキャッシュ・フローをもとに株式の時価を算出する方法である。代表的なものとしては次のようなものがある。

①　DCF法（ディスカウント・キャッシュ・フロー法）

　DCF法（ディスカウント・キャッシュ・フロー法）とは、毎期の将来キャッシュ・フローを割引率で割り引いて取引時点の現在価値（株価時価）を算定する方法である。

　理論的には望ましい方式であるものの、将来キャッシュ・フローの算定や割引率に恣意性が入り込みやすいので、実務的には難しい方式である。

$$現在価値の株価 = \frac{\sum_{k=1}^{n}（将来キャッシュ・フロー）}{（1+r）^{n乗}}$$

　r：WACC

　WACC（Weighted Average Cost of Capital）とは、資本コストの代表的な計算方法で、借入による他人資本にかかるコストと株式による資本調達にかかるコストを加重平均した加重平均資本コストをいう。

②　収益還元法

　収益還元法とは、会社の利益をもとに還元率で割引して当該株式の価値を算定する方式である。計算は比較的簡単な方法であるが、還元率の選択に恣意性が入り込みやすいので、実務的には難しい方式である。

③　配当還元法

　配当還元法とは、少数株主が非上場会社の株式を保有する目的が会社からの配当（期待権）であるということに着目して、配当金を還元率で割引して当該株式の価値を算定する方式である。したがって支配株主やその関係者は、会社支配の目的をもって株式を保有しているのでこの評価方法の選択は適当ではない。

(2)　マーケット・アプローチ

マーケット・アプローチとは、類似する上場企業やその業種の株価や実際の取引事例をもとにそれらと比較することによって非上場株式の評価を行うものである。代表的なものとしては次のようなものがある。

①　類似会社比較法

　類似会社比較法とは、対象会社と業種、事業内容、規模、利益水準などが類似する上場会社を選定し、その上場会社の株価を参考に対象会社の株価を算定する方法である。

②　類似業種比較法

　類似業種比較法とは、上場会社の平均株価をもとに一定の要素を調整して算定する方法である。相続税の非上場株式の評価でもこの考え方が採用されている。

③　取引事例法

　取引事例法とは、対象会社と業種、事業内容、規模、利益水準などが類似する会社を選定し、その会社の最近に取引された株式の取引価額を参考に対象会社の株価を算定する方法である。

(3)　ネットアセット・アプローチ

ネットアセット・アプローチ（コスト・アプローチとすることもある）とは、その会社の貸借対照表の純資産をもとに株価を算定する方法であり、代表的なものとしては次のようなものがある。

①　簿価純資産法

　簿価純資産法とは、貸借対照表の純資産を発行済み株式総数で割り、

財務分析

1株当りの簿価純資産を算定して株価とする方法である。

貸借対照表

| 総資産 | 他人資本（債務等） |
| | 自己資本（簿価純資産） |

（算定式）

$$1株当りの簿価純資産＝\frac{簿価純資産}{発行済み株式総数}$$

② 時価純資産法

　時価純資産法とは、貸借対照表の資産項目と負債項目のすべてについて、帳簿価額から時価や相場価額に置き換え時価純資産を算定したうえで、この時価純資産を発行済み株式総数で割り、1株当りの時価純資産を算定して株価とする方法である。

　この時価純資産法は、貸借対照表をもとに各勘定項目をそれぞれ基準時点で時価評価して計算するので、比較的客観性が高いというメリットがある。

　税務上も、小規模企業の評価ではこの時価純資産方が原則的な評価法になる。

時価ベースの貸借対照表

| 時価総資産
(例) 有価証券を時価評価する
土地家屋を時価評価する | 他人資本（債務等）
時価評価する |
| | 自己資本（時価純資産） |

（算定式）

$$1株当りの時価純資産＝\frac{時価純資産}{発行済み株式総数}$$

【基本問題解答例】

(1)　(300百万円＋30百万円)÷6,000株＝55千円

(2)　A　　100百万円

　　　B　1,000百万円

　　　C　1,180百万円

　　　D　　780百万円

　　　E　　130千円

　　　A　121百万円÷$(1+0.1)^2$＝100百万円

　　　B　1,331百万円÷$(1+0.1)^3$＝1,000百万円

　　　C　$\dfrac{88百万円}{(1+0.1)}+\dfrac{121百万円}{(1+0.1)^2}+\dfrac{1,331百万円}{(1+0.1)^3}$＝80＋100＋1,000　（注）

　　　　　＝1,180百万円

　　　D　1,180百万円－400百万円＝780百万円

　　　E　(1,180百万円－400百万円)÷6,000株＝130千円

(3)　・時価純資産法の利点

　　　　時価純資産法の利点は、客観性が高いことである。

　　　・DCF法の利点

　　　　DCF法の利点は、企業の将来の収益獲得能力を価値に反映させや

　　　すいことである。

　　※（時価純資産法の別解）：計算が容易であることである。

【基本問題解説】

(注)(2)　Cで分母において $(1+0.1)$、$(1+0.1)^2$、$(1+0.1)^3$ となっている。

財務分析

この計算式$\frac{1}{(1+r)^n}$　r＝利率は、将来の金額を一定の利回りで現在価値に割り引くためのものである（rは利率を意味する）。

1年後には、元本1に対して10％の利率が付くので、計算上は1×（1＋0.1）＝1.1となり、1年後の元利は1.1になる。

2年後には、この元利1.1にまた10％の利息が付くこととなるので、1年後の元利1.1×（1＋0.1）^{2}となり、2年後の元利は1.21となる。

3年後は、元利1.21×（1＋0.1）^{3}となり、元利は1.331となる。

この1.331を10％の終価係数という。

逆に、割引計算をする場合は、この数字を分母にして計算することで、1年目の現在価値を導くことができる。

【負ののれん】

M＆Aなどで、のれんが認識、計上される。

買収される法人の純資産＜買収価格　→　正ののれんが計上される。

買収される法人の純資産＞買収価格　→　負ののれん（安く買収できたため）が計上されるが、この負ののれんは、会計上は一括で利益計上される。

M＆Aで負ののれんが計上されると、一見すると利益が出ているので、財務内容を見誤ることがある。

負ののれんを生じるようなM＆Aは、もともと業績の悪い法人を買収していることによることが多いので、買収後その法人の業績を改善できなければ後々利益を出せず失敗するケースがある。財務分析においては、一時しのぎで見かけの利益を得るためのM＆Aに注意が必要である。

〈執筆協力〉

戸倉裕治（公認会計士、税理士）

銀行業務検定試験　公式テキスト　**財務2級**　2024年6月・10月受験用

2024年3月31日	第1刷発行	編　者	経済法令研究会
		発行者	志　茂　満　仁
		発行所	㈱経済法令研究会

〒162-8421　東京都新宿区市谷本村町3-21
電話 代表03-3267-4811　　制作03-3267-4897
https://www.khk.co.jp/

営業所／東京03(3267)4812　大阪06(6261)2911　名古屋052(332)3511　福岡092(411)0805

制作／経法ビジネス出版㈱・小野　忍　印刷／日本ハイコム㈱　製本／㈱ブックアート

法 務

◉法務3・4級対応
実務に活かす **金融法務の基本がよくわかるコース**
●受講期間3か月 ●14,300円

◉法務2級対応
事例で学ぶ **金融法務の理解を深め実務対応力を高めるコース**
●受講期間3か月 ●16,500円

◉融資管理3級対応
融資管理実務コース
●受講期間4か月 ●17,380円

財 務

◉財務3・4級対応
実務に活かす **財務の基本がよくわかるコース**
●受講期間3か月 ●13,200円

◉財務2級対応
事例で学ぶ **財務分析力を高め経営アドバイスに活かすコース**
●受講期間3か月 ●16,500円

税 務

◉税務3・4級対応
実務に活かす **税務の基本がよくわかるコース**
●受講期間3か月 ●13,200円

◉税務2級対応
事例で学ぶ **税務相談力を高め顧客アドバイスに活かすコース**
●受講期間3か月 ●16,500円

外国為替

◉外国為替3級対応
実務に活かす **外国為替と貿易の基本がよくわかるコース**
●受講期間3か月 ●13,200円

信 託

◉信託実務3級対応
信託実務コース
●受講期間4か月 ●15,180円

金融経済

◉金融経済3級対応
実務に活かす **金融と経済の基本がよくわかるコース**
●受講期間3か月 ●13,200円

マネジメント

◉営業店マネジメントⅡ対応
営業店マネジメント[基本]コース
●受講期間3か月 ●15,840円

◉営業店マネジメントⅠ対応
営業店マネジメント[実践]コース
●受講期間4か月 ●19,580円

投資信託・資産形成

◉投資信託3級対応
投資信託基礎コース
●受講期間3か月 ●15,840円

◉資産形成アドバイザー3級対応
資産形成アドバイザー基本コース
●受講期間2か月 ●10,340円

◉資産形成アドバイザー2級対応
資産形成アドバイザー養成コース
●受講期間3か月 ●15,840円

年 金

◉年金アドバイザー3・4級対応
実務に活かす **年金の基本がよくわかるコース**
●受講期間3か月 ●13,200円

◉年金アドバイザー2級対応
事例で学ぶ **年金相談力を高め頼られるアドバイザーになるコース**
●受講期間3か月 ●16,500円

相 続

◉相続アドバイザー3級対応
実務に活かす **相続手続きの基本がよくわかるコース**
●受講期間2か月 ●8,800円
●受講期間3か月 ●11,000円

◉相続アドバイザー2級対応
相続アドバイザー養成コース
●受講期間3か月 ●13,860円

融資・渉外

◉窓口セールス3級対応
窓口セールス実践コース
●受講期間3か月 ●12,760円

◉個人融資渉外3級対応
個人ローン・住宅ローン推進に自信が持てるコース
●受講期間3か月 ●13,200円

◉法人融資渉外3級対応
法人融資渉外基本コース
●受講期間4か月 ●17,380円

◉事業性評価3級対応
伴走支援で持続的成長を促す **事業性評価力養成コース**
●受講期間2か月 ●10,340円
●受講期間3か月 ●12,540円

◉経営支援アドバイザー2級対応
経営支援アドバイザー養成コース
●受講期間3か月 ●15,840円

◉事業承継アドバイザー3級対応
営業店の事業承継支援コース
●受講期間3か月 ●13,860円

◉CBT DXサポート対応
取引先のDX推進をサポートするコース
●受講期間2か月 ●6,600円
●受講期間3か月 ●8,800円

◉CBTサステナブル経営サポート
（環境省認定制度 脱炭素アドバイザー ベーシックに認定）対応
取引先のサステナブル経営をサポートするコース
●受講期間2か月 ●6,600円
●受講期間3か月 ●8,800円

コンプライアンス・個人情報保護

◉金融コンプライアンス・オフィサー2級対応
金融コンプライアンス[基本]コース
●受講期間3か月 ●13,860円

◉金融コンプライアンス・オフィサー1級対応
金融コンプライアンス[管理者]コース
●受講期間3か月 ●14,960円

◉JAコンプライアンス3級対応
JAコンプライアンスコース
●受講期間3か月 ●10,890円

◉金融個人情報保護オフィサー2級対応
よくわかる **金融個人情報保護コース**
●受講期間2か月 ●10,120円

◉金融AMLオフィサー[実践]・[基本]対応
マネー・ローンダリング対策徹底理解コース
●受講期間2か月 ●9,130円
●受講期間3か月 ●11,330円

◉金融AMLオフィサー[取引時確認]対応
営業店のマネロン対策に役立つ **取引時確認・疑わしい取引への感度を高めるコース**
●受講期間2か月 ●6,600円
●受講期間3か月 ●8,800円

JAのマネロン対策に役立つ **取引時確認・疑わしい取引への感度を高めるコース**
●受講期間2か月 ●6,600円
●受講期間3か月 ●8,800円

ホスピタリティ

◉社会人ホスピタリティ[実践]・[基本]対応
気持ちを伝え心を動かす **ホスピタリティ・マスターコース**
●受講期間2か月 ●9,570円

※受講料は消費税（10%）込の価格です。

 経済法令研究会 https://www.khk.co.jp/
●経済法令ブログ
https://khk-blog.jp/

(2401-ODP)